KÖNIGS FURT

Über dieses Buch

Es ist die couragierte Tat des Neuanfangs, die Heilung und Weiterentwicklung verspricht. Die Kraft dazu erwächst aus der fürsorglichen Zuwendung zum Neuen. Wer es schafft, nach verdrängten Träumen und Sehnsüchten zu forschen, der findet auch die Kraft für eine lustvolle Neuordnung und Neubestimmung des eigenen Lebens.
Der Autor beschreibt seinen eigenen Weg aus einer persönlichen Krise und macht auf diese Weise Mut, eine schwierige Lebenssituation als Chance für einen Neuanfang zu betrachten.

Über den Autor

Winfried Hille studierte nach einer Banklehre Germanistik und Erziehungswissenschaften. Er ist für verschiedene Verlage tätig und gibt die Zeitschrift »bewusster leben« heraus und ist Initiator der gleichnamigen Buchreihe. Er lebt und arbeitet in Hamburg.
Weitere Informationen zur Buchreihe erhalten Sie im Internet unter *www.bewusster-leben.de.*

Winfried Hille

Die Kunst des Neuanfangs

Neustart ins Glück

bewusster leben

KÖNIGS FURT

Reihe
bewusster leben
in Zusammenarbeit
mit Winfried Hille und
der Zeitschrift *bewusster leben*

Bibliografische Information Der Deutschen Bibliothek

Die Deutsche Bibliothek verzeichnet diese Publikation in der Deutschen Nationalbibliografie; detaillierte bibliografische Daten sind im Internet über http://dnb.ddb.de abrufbar.

4., erweiterte Auflage
Krummwisch bei Kiel 2005

D-24796 Krummwisch
www.koenigsfurt.com

Umschlaggestaltung und -motiv:
Weiss Zembsch Partner Werkstatt München
Satz: Satzbüro Noch & Noch, Balve
Druck und Bindung: Unipart Hungary
Printed in EU

ISBN-13: 978-3-89875-080-6
ISBN-10: 3-89875-080-9

Inhalt

Anhang

Einladung

»Unsere größte Angst ist nicht,
dass wir unzulänglich sind.
Unsere größte Angst ist,
dass wir unermesslich stark sind.«
(Nelson Mandela)

Gratulation!

Du hast mit diesem Buch zugleich eine neue Seite in deinem Leben aufgeschlagen. Wenn du es willst.

Natürlich weiß ich nicht, an welchem Punkt deines Lebens du jetzt – genau in diesem Augenblick – stehst. Aber warum schlägst du gerade dieses Buch auf? Es gibt doch so viele andere. Ich vermute, dass es allein schon das Wort und die Sehnsucht nach der Verheißung darin ist, das dich gerade an diesem Buch anzieht:

Neuanfang!

Manchmal. Nervt. Dich. Der Alltag. Nur an. Manchmal nervt schon das Morgenlicht, das dich weckt, der Geruch dieses Menschen neben dir, die Dusche, das verdammte Zähneputzen. Der Frühstückstoast schmeckt nach Routine, die Kinder kreischen dich um den Verstand.
Das sind die guten Tage.
An den schlechten Tagen spürst du deine Unzufriedenheit nicht mal mehr. Vom Stress in Reih und Glied

betoniert, funktionierst du nur noch vor dich hin, sitzt du die Stunden ab wie ein Häftling, plapperst nach, führst aus und durch und ab.

Manchmal wünschst du dir nichts so sehr wie einen Neuanfang. Einen Neuanfang im privaten oder beruflichen Leben. Und Hand aufs Herz: Eigentlich ist er schon längst überfällig. Nur das Tun, der Anfang fällt so schwer, der Aufbruch in ein ganz anderes, neues Leben und damit das Vertrauen in das Ungewisse. Dabei ist es nicht einmal so sehr die Angst, einen Neuanfang nicht zu schaffen, als die Angst vor deiner eigenen Kraft und Stärke.

Deshalb gratuliere ich dir! Den ersten Schritt für deinen ganz persönlichen Aufbruch, für einen Neuanfang in deinem Leben tust du genau jetzt.

Vorwort

Es ist nicht immer das Wort, das am Anfang steht. Wenn es schlimm kommt, ist es ein Ereignis, ein Schicksalsschlag oder die Tat eines anderen, das unseren gewöhnlichen Alltag auf einen Schlag verändert. Ohne dass wir das je wollten. Ohne dass wir damit gerechnet haben. Mit einem Mal stürzt der Himmel über uns ein. Tut sich ein riesiges Loch auf. Und noch dazu, ohne dass wir gefragt werden. Das Unfassbare hält Einzug: das Leben!

Für gewöhnlich haben solche Ereignisse banale Bezeichnungen: Trennung, Scheidung, Kündigung, Krankheit, Unfall oder Tod. Mit einem Mal ist alles anders. Die Routine des Alltags hört auf zu funktionieren. Kein Rad greift mehr ins andere. Alles, was uns bisher Sicherheit gab, ist auf und davon. Das, worauf wir unser Leben aufgebaut haben, ist verschwunden: der geliebte Partner, die Familie, der Arbeitsplatz.

Wer jetzt den Kopf nicht verlieren will, der muss sich einer völlig neuen Realität stellen. Der muss lernen zu begreifen, auszuhalten, mutig zu sein und neu anzufangen. Nur, wie soll das gehen?

Ich hatte von heute auf morgen meine bisherige Lebensgrundlage, meinen Lebenssinn verloren. Meine Frau, meine Kinder, mein Haus: Das alles gab es plötzlich so nicht mehr.

Zum Glück traf das Schicksal in mir keinen Anfänger. Schon in früheren Jahren gab es Brüche und Aufbrüche in meinem Leben, private und berufliche Neuanfänge. Zugegeben: Ich war kein Unvorbereiteter.

Ich hatte schon mehrmals mein privates und berufliches Leben neu starten müssen, neu anfangen wollen. Und doch wusste ich: Im Gegensatz zu meinen früheren, freiwilligen Entschlüssen, mein Leben neu zu ordnen, würde es diesmal unvergleichlich schwerer werden. Die plötzliche Trennung von meiner Familie war ein ungewollter Abschied. Ich wollte gar nicht neu anfangen und musste es doch.

Erst ganz langsam konnte ich begreifen, dass ich den Abschied auch gewollt hatte. Tief in meinem Inneren, schon lange zuvor. Dass ich nur versäumt hatte, ihn auch zu vollziehen. Und jetzt übernahm meine Frau diese Rolle.

Also, zugegeben: Ich hätte es wissen müssen.

Es kamen Monate tiefer Trauer und voller Bitterkeit. Schreie nach Gerechtigkeit. Stunden, über die bis heute nur mein Tagebuch Bescheid weiß. Getragen wurde ich aber immer von einem Ziel und das hieß: Nicht aufgeben! Nicht verbittert werden! Neu anfangen!

Heute weiß ich: Der wirkliche und wahre Neuanfang führt über bestimmte Stufen, hat seine eigenen Gesetze und Regeln. Die gilt es zu beachten. Das erste Gesetz, das ich akzeptieren musste, hieß:

> ***Wenn du es versäumst, rechtzeitig und aus freien Stücken neu anzufangen, dann wird mit dir neu angefangen.***

Dieses Buch zeichnet die Lebensgeschichte meiner unfreiwilligen Trennung von Frau, Kindern und Haus nach. Und auf meinem Weg, der mit einem Scheitern begann und in einem privaten und beruflichen Neuanfang seinen Lauf nahm, machte ich meine ganz subjektiven Erfahrungen mit den Menschen um mich herum und mit mir.

Von diesen Erfahrungen will ich berichten und diese Erfahrungen – über einen Zeitraum von fünf Jahren hinweg – sind die Grundlagen dieses Buches, meine Sicht der Dinge. Die Regeln für einen gelingenden Neuanfang, die dieses Buch vorstellt, basieren einzig und allein auf meiner eigenen Lebensgeschichte und auf den Lehren, die ich daraus gezogen habe.

Jedem Neuanfang geht ein Abschied voraus. Aber nicht jedem Abschied folgt automatisch und quasi naturgesetzlich ein Neuanfang. Inzwischen habe ich viele Lebensgeschichten von FreundInnen und Bekannten kennen gelernt, die eines deutlich zeigen: Nicht jeder Versuch eines Neuanfangs gelingt.

Es gibt Menschen, die fürchten sogar nichts mehr als einen wirklichen Neuanfang. Das sind diejenigen, die es nicht schaffen, sich aus alten, lebensfeindlichen Verhältnissen und Beziehungen zu lösen. Menschen, die am Neuanfang scheitern und solche, die ihn meiden wie der Teufel das Weihwasser.

Sie alle verzichten auf das größte Geschenk, das das Leben ihnen zu bieten hat: auf die Erfahrung ihrer einzigartigen Kreativität, auf die Realisierung ihres ureigenen Lebensplans und damit auf ein geglücktes, sinnvolles Leben.

Wir sind nicht die Gefangenen unserer Gewohnheiten, unserer Routine oder Vergangenheit. Wir haben immer und jederzeit die Wahl und die Möglichkeit, mit unserem Leben neu anzufangen. Wir können uns täglich neu erfinden. Wir müssen es nur wollen und die drei Saboteure für einen Neuanfang besiegen: unsere Ungeduld, Bequemlichkeit und Angst.

Ich kann dich, liebe Leserin und lieber Leser, nur ermutigen: Dein Neuanfang kann gelingen, wenn du beherzt und mutig Abschied nimmst von einem Leben, das nur noch dem äußeren Anschein nach deines ist und das du dir so nicht und niemals gewünscht hast. Du kannst es ändern. Niemand sonst.

Ich will versuchen, dir mit der Geschichte meines Neuanfangs Mut zu machen, deinen wahren Lebensplan zu entdecken, dich zu ihm zu bekennen und ihn in die Tat umzusetzen. Übe dich mit diesem Buch in der wunderbaren Kunst des Neuanfangs!

Die Sehnsucht nach einem Neuanfang ist immer auch die Sehnsucht nach uns selbst. Im Neuanfang sind wir uns und dem Leben am nächsten. Erst im aktiven und bewussten Umgang mit unseren Möglichkeiten erfahren wir unseren Lebenssinn. Im Gebrauch der unendlichen Vielfalt an Möglichkeiten, die uns das Leben einräumt, erweisen wir uns als wahrhaft schöpferische Menschen. Wir müssen sie nur nutzen.

Der Start ist das Ziel!

Warte also nicht länger und starte dein Leben neu! Jetzt! Nur du allein kannst dein Leben verändern.

Auf einen Schlag ist alles anders

»Von einer Illusion war ich geheilt,
doch kam mir diese Auflösung
meiner Persönlichkeit durchaus nicht
wie ein vergnügliches Abenteuer vor.«
(Hermann Hesse)

Wer loslässt, hat schon gewonnen

Es war der Anfang vom Neuanfang. Ich wollte ihn nicht. Ich wehrte mich mit allen Mitteln dagegen. Ich schrie, krampfte und war sprachlos. Loslassen, das konnte ich unter keinen Umständen. Warum auch ich? Warum nicht der andere? Warum nicht Sie?

Wer ist Sie?

Doch der Reihe nach: Seit fünfzehn Jahren lebten meine Frau und ich eine gemeinsame Ehe, die mehr schlecht als recht war. Meine Frau schenkte uns drei wunderschöne, gesunde Töchter. Wir besaßen ein komfortables Reihenhaus, ich ein gutes Einkommen, wir hatten keine Schulden, angenehme Nachbarn in einer angenehmen Wohngegend. Das sah alles nicht schlecht aus. Für andere.

Doch innen – unter der Oberfläche – brodelte und kochte in all den Jahren viel Streit und Unverständnis. Immer wieder hatte ich Ausstiegsgedanken. Doch immer wieder auch verwarf ich sie. Meine Hoffnung: Vielleicht würde sich noch alles ändern. Sie starb zuletzt.

Meine Frau litt darunter, einfache Mutter zu sein. Sie war neidisch auf mich und meine Arbeit. Ich konnte mich in ihren Augen im Beruf verwirklichen und tatsächlich hatte ich auch einigen Erfolg. Den Stress, der damit für mich verbunden war, die tägliche Selbstverleugnung, nahm sie nicht wahr. Darunter litt ich genauso sehr wie darunter, zu wenig gemeinsame Zeit mit meinen Kindern zu verbringen. So verstärkte sich nach und nach immer mehr das Unbehagen und jeder von uns meinte, zu wenig Liebe, Zärtlichkeit und Zuwendung vom anderen abzubekommen.

Kurz: Die ganz normale Situation nach einigen Ehejahren.

Wir waren beide sehr kraftvolle, lebenshungrige Menschen. Doch die ständigen Reibereien verbrauchten allmählich unsere ganze Energie. Es ist müßig zu erwähnen, dass auch unser Sexualleben verblasste, dass unser Bedürfnis nach Zärtlichkeit immer weniger vom anderen erfüllt werden konnte. Die Probleme, die wir miteinander hatten, besprachen wir nur noch selten miteinander. Wir suchten unsere GesprächspartnerInnen außerhalb.

Und so kam es, dass wir uns innerlich von einander trennten. Wann genau das war, das wussten wir nicht. Irgendwann lebten wir in verschiedenen Welten. Zunächst allmählich und dann immer rasanter fing jeder von uns an, den anderen zu missachten. Keiner hatte am anderen mehr ein wahres Interesse. Jeder schaute auf seine Bedürfnisse und wie er den tristen Alltag einigermaßen durchstehen konnte. Wir waren beide lange Jahre sehr einsam.

Doch noch immer hielten wir am Bild der harmonischen Familie fest und wollten es aufrecht erhalten. Was uns zusammenhielt, war all das, was wir uns gemeinsam aufgebaut hatten, und die Kinder. Ihnen war aus unserer damaligen Sicht eine Trennung nicht zuzumuten.

Wir hatten auch keine Ahnung davon, wie das gehen sollte: sich zu trennen. Und obwohl der Verstand eindeutig sagte, dass unsere Beziehung nicht mehr zu retten sei, klammerten wir uns an das, was wir für unser normales Leben hielten. Wir nahmen uns zurück, sahen von unseren Wünschen ab und glaubten, dass wir es nicht wert seien, ein Leben in Glück und Erfüllung zu leben.

Heute weiß ich: Jeder von uns hat einen Anspruch darauf, so wie wir sind, verstanden zu werden.

Wenn du spürst, dass du loslassen solltest und es nicht tust, wird dir genommen

Damals war es so: Vollgestopft mit Schuldgefühlen glaubte ich, diesen Anspruch verwirkt zu haben.

Es kam, wie es kommen musste: Im Frühjahr und Sommer eines Jahres starben die Mutter und der Vater meiner Frau. Meine Frau hatte viel Trauerarbeit zu leisten, manches Organisatorische zu regeln und auf einmal eine Menge eigenes Geld. Ich hatte mit mir selbst zu tun und konnte ihr bei allem nicht helfen, sie kaum unterstützen. Wie gesagt: Ihre Welt war längst nicht mehr meine gewesen. Sie war körperlich und seelisch am Ende, als ich auf die Idee kam, sie solle sich doch mal eine Auszeit nehmen.

Heute weiß ich: Eine Auszeit hätte ich selbst auch gebraucht.

Im November desselben Jahres trat sie eine sechswöchige Kur an. Unser Verhältnis war in der üblichen Weise gespannt, doch am Tag, als meine Kinder und ich sie ins Sanatorium begleiteten, hatten wir in einem wunderschönen, ländlich gelegenen Gasthof noch ein außergewöhnlich harmonisches Beisammensein. Das Gespräch ging hin und her, die Töchter schienen sehr gelöst zu sein und ich war zuversichtlich, dass die Zeit unserer vorübergehenden Trennung sich erneuernd und belebend auf unsere Ehe auswirken könnte.

Ich sollte mich in dieser Einschätzung, wie sich bald darauf zeigte, nicht täuschen.

Gemeinsam mit einer Haushaltshilfe hatte ich nun meine Töchter sechs Wochen lang zu versorgen, was mir auch gut gelang. Der Glaube an unsere Familie bekam neue Nahrung. Ich war überzeugt davon, dass die Welt nach dem Kuraufenthalt meiner Frau wieder anders aussehen würde.

Wie schon gesagt, ich sollte Recht behalten.

Als meine Frau wieder nach Hause kam, ging alles ganz schnell: Es sei ihr während der Kur klar geworden, dass unsere Ehe gescheitert ist. Es habe keinen Sinn mehr, so weiter zu leben. Das habe sie aus ihren Gesprächen dort gelernt. Ein Neuanfang sei mit ihr nicht mehr zu machen.

> ***Wer loslässt, handelt.***
> ***Wer handelt, ist im Vorteil.***

Ich war wie vor den Kopf geschlagen. Fühlte mich zurückgeblieben und entwaffnet. Meine Versuche, sie davon zu überzeugen, dass gerade jetzt der richtige Zeitpunkt für einen neuen Anfang in unserer Ehe wäre, scheiterten kläglich. Sie hatte sich innerlich bereits von unserer Ehe gelöst. Ich war ein Gestriger. Sie hatte jetzt das Heft in die Hand genommen. Ich war zur Passivität verurteilt worden.

In den ersten Tagen nach ihrer Heimkehr sprach sie noch jeweils verständnisvoll mit mir, blieb aber in ihrem Willen, jetzt sofort etwas ändern zu wollen, unerschütterlich. Ich erfuhr zudem, dass sie einen neuen Partner für sich in der Kur gefunden hatte. Jetzt erst begriff ich, dass es kein Spiel mehr, dass es ihr mit allem Ernst war.

> ***Wer freiwillig loslässt,***
> ***gewinnt Macht, Bewusstheit und viel Zeit.***
> ***Wer zum Loslassen gezwungen wird,***
> ***verliert Macht, Bewusstheit und viel Zeit.***

Im Grunde wusste ich damals nicht, wie mir geschah. Meine Frau wollte, dass ich unverzüglich unser gemeinsames Haus verlassen sollte. Die für sie so dringend anstehende und notwendige Veränderung sollte ich übernehmen. Es war ihr klar, dass ich, auf Grund meiner Berufstätigkeit in den letzten Jahren, keinerlei Ansprüche auf die Kinder hatte. Ich stand unter Schock, war nicht einmal wütend, machte mir mehr Sorgen um sie als um mich. Ich redete mir ein, dass das, was sie wollte und sagte, überstürzt sei und schon deshalb nicht richtig sein konnte.

Erst viel später wurde mir klar: Es konnte vor allem deshalb nicht richtig sein, weil sie es tat und nicht ich. Sie war mir zuvorgekommen. Sie hatte gehandelt. Das war alles.

> ***Loslassen heißt,***
> ***freiwillig Abschied nehmen.***

Es kam eine Zeit, die ich noch heute meinem schlimmsten Feind nicht wünsche. Nachdem ich immer wieder das Gespräch mit ihr gesucht hatte und alles in Bewegung setzte, um die Trennung noch zu verhindern, packte ich schließlich unter den Augen meiner Kinder meine Sachen zusammen.

Und. Zog. Aus.

Ich hatte mich geschlagen gegeben. Es war mein Stolz, den ich noch retten wollte.

Hastig hatte ich mir eine Zwei-Zimmer-Wohnung gesucht, ganz in der Nähe der Schule, auf die zwei meiner Töchter gingen. Mein einziges Bestreben war es, zumindest ihnen noch nahe zu sein.

Überraschend schnell hatte ich mit meiner Frau das Organisatorische geregelt: Haushaltsaufteilung, Vermögensteilung, Versicherungen und was noch so alles anstand. Das ging alles ganz kühl und ohne böse Worte ab.

Und auf einmal fand ich mich allein in einer fremden Wohnung. Ich war betäubt. Noch immer ohne jedes Bewusstsein dafür, was passiert war. Noch immer unter Schock. Einzig und allein mit dem Auftrag, zu leben, zu überleben. Mit meiner Frau gab es zwar noch Gespräche. Aber keineswegs unter Gleichberechtigten. Sie hatte jetzt die Oberhoheit über die Kinder. Ich war ihr in allem und vollkommen unterlegen. Sie war die Mächtige, die das Handeln bestimmte. Sie hatte freiwillig von mir Abschied genommen, von unserem gemeinsamen Familienleben, das ihr nicht länger erträglich schien. Ich konnte es nicht ertragen, dass ich in der Defensive und völlig ohnmächtig war, dass ich mich selbst der einzigen Macht beraubt hatte, die ich gehabt hätte: der Macht, mich zu ändern.

Es kamen die Tage der ersten Einsamkeit. Ich war mit einem Mal weder Familienvater, noch Single. Kein Hausbesitzer mehr, nur noch Mieter. Was war ich denn jetzt? Keiner kannte mich in dem neuen Quartier und ich wollte keinen kennen lernen. Ich hatte auf einmal kein soziales Umfeld mehr. Meine wenigen Möbel, die ich mitgenommen hatte, standen jetzt beziehungslos auf 60 Quadratmetern, die mir völlig fremd waren. Ich hatte keinen Garten mehr. Ringsum war Wüste.

Und die Kinder? Natürlich war ich noch ihr Vater. Aber ich wusste nicht, wie das jetzt gehen sollte, Vater sein, ohne bei den Kindern zu leben. Ohne ihr Leben zu teilen, ohne die alltäglichen Geschichten aus der Schule, von FreundInnen und Verwandten zu hören. Ohne zu wissen, welche kleinen Sorgen und Wünsche sie hatten. Und das war das schlimmste, was mir genommen wurde.

»An meinem ganzen Leid ist einzig und allein meine Frau schuld.« So dachte ich jedenfalls. Was hatte ich denn Böses getan? Dass mein jetziger Zustand die Folge und Konsequenz meines bisherigen Lebens und meines Umgangs mit mir und anderen war, konnte und wollte mir damals nicht in den Sinn. Ich klagte Gerechtigkeit ein und dachte im Stillen, dass sie noch kommen werde. Dass auch meine Frau für diesen Schritt noch zu büßen hätte.

Es sollte lange dauern, bis ich diese brachiale Veränderung auch innerlich nachvollziehen konnte. Jetzt fühlte ich mich wie ein Mensch, dem ein Gliedmaß amputiert wurde. Ich spürte furchtbare Schmerzen an dem Teil, der mir abgetrennt wurde. Rein äußerlich wurde mir ein Stück meines Lebens einfach abgeschnitten. Das konnte meine Seele noch nicht begreifen. Und das war der Schmerz.

Wochen- und monatelang hörte ich schwermütige Musik: Lou Reed, Tanita Tikaram ... Sie handelte von Einsamkeit, unerfülltem Glück, vergeblicher Liebe, der Sinnlosigkeit und Vergänglichkeit allen Lebens. Was sollte ich noch auf der

Welt? Ich lag auf der neuen Ikea-Coach und war geschlagen. Ich schaute melancholische Filme wie »Aus der Mitte entspringt ein Fluss«, »Die Brücke über dem Fluss«, bei denen mir die Tränen kamen. Alles erschien mir in diesen Tagen vergeblich und vergänglich. Ich hatte ein unbändiges Selbstmitleid mit mir und meinem ungerechten Schicksal.

Warum gerade ich? Warum musste ich alles verlieren? Warum verlor meine Frau nichts? Warum wurde ich bestraft und sie nicht? All meine Lebenskraft entwich. Da war nichts mehr.

Noch war ich nicht im mindesten wütend auf meine Frau. Ich versuchte sogar, sie zu verstehen, war in Gedanken noch immer bei ihr und meinen Kindern, war noch immer der, der sich vor allem um sie sorgte. Doch jetzt brauchten sie mich nicht mehr, von einem Tag auf den anderen. Ich spürte, wie sehr ich mein Selbstbewusstsein in all den Jahren aus meiner Funktion eines treu sorgenden Familienvaters gezogen hatte. Sie war mit einem Mal nicht mehr gefragt. Meine Frau hatte mich all meiner Ämter enthoben.

Es fiel mir ungemein schwer, mich auf simple alltägliche Verrichtungen zu konzentrieren. Dass ich das Haarshampoo nach langer, verzweifelter Suche nicht im Badezimmer, sondern im Eisschrank wiederfand, ist nur eines von vielen Beispielen für meine Verwirrung und Zerstreutheit jener Tage. Ständig vergaß ich Kleinigkeiten. Ich war nie wirklich da. Nie bei mir. Schon morgens beim Aufstehen wünschte ich mich zurück in die alten Lebensumstände, die ich jetzt als Glück ansah. Ich hielt mit aller Kraft an der Vergangenheit fest, glorifizierte sie und wusste zugleich, wie vergeblich diese Anstrengung war. Vergebliche, zu späte Liebesmüh. Eine schwere Trauer legte sich über unendlich lange Tage und schlaflose Nächte.

Heute ist Sonntag. Ich hatte mir nichts vorgenommen. Ein einziger trauriger Tag. Ich höre nichts von meinen Kindern. Niemand ruft an. Wir sind schon Lichtjahre voneinander entfernt. Können nicht miteinander reden. Traurig bin ich auch, weil ich den Frühling in meinem Garten nicht mehr erlebe, dass ich die Osterglocken, die Forsythien nicht jeden Morgen blühen sehe, dass ich die Bäume nicht mehr schneiden kann, dass ich ausgeschlossen bin.

Sei traurig – aber nicht zu viel!

Ich hatte Angst vor der Einsamkeit und begann auf Bekanntschaftsanzeigen zu antworten. Ich wollte nicht allein sein, wollte am Leben teilhaben. Ich traf verschiedene Frauen, ging mit allen aus, ließ sie wieder stehen und blieb einsam.

Ich versuchte zu überleben und begann meine Trauer als einen Teil meines neuen Lebens zu akzeptieren. Mit ihr begann ein sich lange hinziehender, schmerzhafter Prozess der Ablösung von meinem bisherigen Leben. Und mit ihr akzeptierte ich ganz allmählich meinen Verlust und die Vergänglichkeit.

Nach einer gewissen Zeit bemerkte ich ein seltsames Gefühl: Ich fing an, meine Trauer zu genießen. Es gefiel mir, traurig zu sein. Es hatte etwas Schönes. Zugleich erschrak ich auch bei dem Gedanken.

Ich begriff, indem ich meine Trauer zuließ, zugleich etwas von ihrem wertvollen Charakter. Die Trauer war ein zu gleichen Teilen furchtbares und schönes Gefühl. Und schließlich dachte ich: Jedes Gefühl – sei es ein »gutes« oder »schlechtes« – das ich jetzt nicht unterdrücke, bringt mich dem Leben wieder ein Stückchen näher. Manchmal war ich gerne traurig.

Doch zugleich hinderte mich meine Trauer auch am Leben. Sie hatte allmählich vollkommen von mir Besitz genommen. Ich konnte so nicht weiterleben, mich auf nichts anderes mehr konzentrieren. Ich musste lernen, meine Trauer in den Griff zu bekommen. Sie durfte mich nicht länger beherrschen.

Die Trauer braucht ihren Raum.

So nahm ich mir täglich eine Stunde am Abend, um zu trauern. Während meiner Trauerzeit schwelgte ich in Fantasiebildern aus vergangenen Tagen, schaute Fotos aus unserer gemeinsamen Zeit an und durchlebte meine unwiederbringlich verlorene Vergangenheit ständig von vorn. Einzelne Szenen ließ ich aufleben: Bilder von harmonischen Urlaubstagen, an denen wir uns alle glücklich fühlten. Auch das gab es.

Wenn du das loslassen musst, was du liebst,
musst du das Geliebte noch einmal anschauen,
um es wirklich loslassen zu können.

Wie in einem Film stiegen Bilder aus jenen Tagen in mir auf, als ich mich in meine Frau verliebt hatte und als für mich mit ihr damals ein neues Leben begann. Das alles war einmal. Ja, ich hatte sie wirklich geliebt. Sie war vor über zwanzig Jahren ein großes Geschenk für mich gewesen. Ich liebte ihre Festigkeit, ihre Spiritualität, ich liebte es, wie wir miteinander sprachen und wie sich unsere Seelen verbanden. Damals war sie für mich die schönste Frau gewesen: Dunkle Haut, schwarzhaarig und begehrenswert. Ich saß in meinem Kino der Erinnerungen und das Geschehen aus der Vergangenheit lief vor mir ab und ich verband mich mit den schönen Gefühlen, die dieser Film in mir auslöste.

Für sie war ich der Freigeist, mit dem sie von zu Hause ausbrechen konnte, der ihr Freiheit gab und der sie immer auf neue Ideen brachte. Wir lebten in einer kleinen Studentenbude und diese kurze Zeit war das Schönste, was das Leben mir bisher geboten hatte: »Ohne Zukunft, ohne Haus und Geld – uns gehörte ja die ganze Welt.«

Nie vergesse ich, wie es damals mit ihr war. Und in der Fantasie war all dies noch immer da. Oder vielleicht: Endlich wieder.

Und nun sollte ich all das loslassen? Ich hatte keine Ahnung, wie das gehen sollte.

Depression klingt nach Krankheit und ich wusste, dass ich keine Krankheit hatte. Ich begriff, dass meine »Depression« ganz einfach Trauer war. Und die schien mir sehr natürlich zu sein. Ich wäre am liebsten sofort wieder fit im Leben gestanden. Aber das war utopisch. Ich spürte, dass ich das, wovon ich jetzt Abschied nehmen sollte, noch einmal ganz genau anschauen musste. In gewisser Weise sollte das nochmals verehrt werden, was mir genommen wurde. Trauern ist ein furchtbarer Prozess.

Das Tagebuchschreiben wurde zu meiner ersten neuen Gewohnheit. Ich begann jeden Tag meine Gedanken und Gefühle aufzuschreiben. Am Abend, kurz vor dem Schlafengehen, schrieb ich alles, was mir durch den Kopf ging, auf geduldiges Papier. Das Geschriebene entsprang einem inneren Chaos und einer qualvollen Verzweiflung darüber, dass alles so gekommen war.

> *Ich hatte heute einen unendlich traurigen Tag. Ich war traurig darüber, dass alles einmal so wunderschön anfing und dass nun nichts mehr zu retten ist.*

Meine Gefühle wechselten ständig:

> *Immer diese Luftsprünge. Warum verläuft mein Gefühl nicht ruhiger. Sicher ist nur, dass sich meine Gefühle ständig ändern.*

Mal war ich voller Mut und Kraft, sah meinen neuen Möglichkeiten mit Enthusiasmus entgegen und genoss mein Alleinsein. Mal war ich tief niedergeschlagen und resigniert, sah keinen Weg mehr für mich, kam mir wertlos vor und litt unter der entsetzlichen Einsamkeit. Ich konnte kaum noch schlafen. Mein Tagebuch war ein einziges Trauerbuch. In diesen ersten Tagen meiner Trennung litt ich wie ein Tier, fand noch keine eigene Sprache und hatte keine Vorstellung davon, wie mein Leben weitergehen sollte.

Ver-Arbeite!

Es gibt die Ansicht, man solle sich – um alles in der Welt – nur nicht vom Wesentlichen ablenken lassen. Alle Ablenkung sei von Übel. Ich weiß nicht, wie ich hätte überleben sollen, hätte ich mir diese Ansicht zu Herzen genommen.

Ich war damals, in den ersten Wochen nach der Trennung, so sehr mit dem für mich Wesentlichen beschäftigt, dass ich mich auf nichts anderes mehr konzentrieren konnte und glaubte, verrückt werden zu müssen. Meine Gedanken wurden beherrscht von der Angst, dass nach dem persönlichen Unglück jetzt auch noch ein anderes Unglück auf mich zukommen könnte.

Ablenkung tut gut!

Ich versuchte, mich abzulenken. Und Ablenkung bedeutete in meiner damaligen Situation, die Fähigkeit zurückzugewinnen, mich wieder voll und ganz auf eine Sache zu konzentrieren. Das erschien mir zumindest vorerst Halt zu versprechen. Es half nichts, wenn ich den ganzen Tag mein Leid und meine Ängste anstarrte. Ich wurde auf diese Weise immer abwesender. Ich musste wieder lernen, mich zu konzentrieren, ganz stoisch eine Sache nach der anderen in Angriff zu nehmen.

Also vertiefte ich mich in das Nächstliegende, mir noch Verbliebene: in meine berufliche Arbeit. Ich war damals Werbeleiter eines Verlages und obwohl ich seit längerer Zeit schon mit dem Gedanken spielte, mich beruflich irgendwie zu verändern, musste ich mich jetzt wieder mit diesem Job anfreunden. Das Risiko einer beruflichen Veränderung auf mich zu nehmen, erschien mir in meiner augenblicklichen Situation mehr als unangebracht. So verwarf ich vorerst alle Gedanken, die in diese Richtung gingen. Ich versuchte zumindest an dieser Front, Ruhe zu bewahren. Woher hätte ich auch die Kraft für einen solchen Schritt nehmen sollen?

Konzentriere dich auf das, was du hast!

Ich versuchte, wieder dankbar für meine berufliche Position zu sein, auch wenn sich in all den Jahren viel Frust angestaut hatte. So erlebte ich erstmals wieder Stunden, in denen ich nicht an mein Schicksal denken musste. Stunden ohne Trauer. Ich musste lernen, mich auf das Hier und Jetzt zu konzentrieren. Und das gelang mir zunächst nur mit einer strengen Disziplin, damit meine Gedanken nicht ständig von dem Leid, das ich durchlebte, angezogen wurden.

Eine andere Art der Ablenkung fand ich draußen in der freien Natur. Ich begann lange, ausgedehnte Wanderungen zu machen. Ich wollte viel laufen. Es fand sich zu meinem Glück – das erste Glück seit meiner Trennung – eine Wanderfreundin, eine seit vielen Jahren mir nahe stehende Person, mit der ich die Wälder, Hügel, Täler und Berge der Umgebung regelrecht durchkämmte. Auf diesen Wanderungen lösten sich die Gedanken, und ich konnte über vieles reden.

Vielleicht ist die körperliche Bewegung ein Katalysator dafür, dass sich auch seelisch etwas in Bewegung setzt. Und zudem: Beim Wandern beruhigten sich meine Nerven und ich konnte viel über meine Vergangenheit sprechen.

Das waren meine ersten Ankerpunkte im neuen Leben: Disziplin und Arbeit – Bewegung und Gespräch.

Geh in die Leere!

Nach kurzer Zeit gewann ich eine weitere Erkenntnis, aus der ich bald meine Konsequenzen ziehen sollte:

> *Das Festhalten an der räumlichen Nähe*
> *ist auch ein Festhalten an deinem alten Leben.*

Wie schon gesagt, ich hatte mir eine kleine Wohnung in unmittelbarer Nachbarschaft zur Schule meiner Kinder genommen. Zu unserer gemeinsamen früheren Wohnung waren es von hier aus nur ein paar Kilometer. Der Grund hierfür war einfach und so kurz nach dem Schock auch verständlich: Ich wollte meine Kinder räumlich in meiner Nähe wissen. Doch, der Glaube, sie dadurch nicht zu verlieren, erwies sich schnell als Illusion.

Die Kinder suchten in der ersten Zeit nach der Trennung vor allem Orientierung und Halt. Den konnte ich ihnen, so sehr ich das wollte, nicht geben. Ich, auf einmal heimatlos und ohne festen Boden, überforderte mich mit einem solchen Anspruch. Da gab es nichts, was ich ihnen hätte geben können. So zog es sie genau dorthin, wo sie Orientierung und Halt fanden. Und dieser Platz war nicht bei mir, sondern bei meiner Frau.

Tatsächlich brauchte ich in dieser Zeit selbst am meisten das, wonach meine Kinder suchten und worauf sie selbst einen Anspruch hatten. Ich spürte, dass ich noch ganz am Anfang war.

> *Was du im Außen suchst,*
> *findest du nur in dir selbst.*

Der Wunsch, durch die Trennung nicht auch meine Kinder zu verlieren, ging zunächst nicht in Erfüllung. Wir telefonierten zwar täglich miteinander, aber wir lebten nun in Welten, die verbindungslos nebeneinander existierten. Ich konnte ihnen und sie konnten mir nicht helfen.

Ich spürte, dass es mir an Distanz zu meiner Frau und den Kindern fehlte. Ich musste weiter weg, innerlich und äußerlich. Und so fing ich im Äußerlichen an, kündigte nach einem Jahr bereits meine Wohnung in der Stadt und schenkte mir, so verrückt es klingen mag, kurzerhand ein Haus, etwa 30 Kilometer entfernt, draußen auf dem Land, mit fünf Zimmern und einem großen Garten. Ich brauchte die Entfernung und dachte, Haus und Garten wären jetzt die richtige Therapie für mich.

Das Gefühl, mir einen Wunsch erfüllt zu haben, beflügelte mich zunächst kolossal. Ich spürte, wie neue Lebensgeister in mir erwachten. Natürlich erklärte ich mich selbst für ziemlich verrückt, aber der Aufbruch in eine neue Welt nahm damit seinen Anfang.

Ich war glücklich und stolz darauf, eine Entscheidung getroffen und etwas Großes in die Tat umgesetzt zu haben. Ich besaß, so meinte ich, wieder einen Teil dessen, was ich verloren hatte: ein Haus und einen Garten. Für jedes meiner Kinder hatte ich ein Zimmer eingerichtet und im Stillen dachte ich, wenn sie wollten, könnten sie jetzt auch zu mir ziehen. Die Not machte mich erfinderisch und ein bisschen verrückt.

Zum ersten Mal habe ich es so, wie ich es mir schon lange wünsche: Ich mit meinen Kindern in meinem Haus.

Ganz darauf fixiert, meine Kinder nicht zu verlieren, vergaß ich mich und meine Bedürfnisse. Selbstverständlich waren sie nicht öfter bei mir als zuvor. Die meiste Zeit standen die Zimmer und damit das Haus leer. Wenn ich durch mein Haus schritt, erinnerten mich die leeren Zimmer an meinen Schmerz und an meine Kinder und daran, dass sie nicht mehr bei mir waren. So machte sich nach kurzer Zeit auch hier das innere Elend breit.

Als Nebeneffekt ergab sich aus meiner neuen Situation, dass ich ganz auf mich allein gestellt war. Besuche von FreundInnen bekam ich immer weniger. Viele scheuten die Entfernung. Kontakt zum neuen Umfeld bekam ich auch nicht, weil ich viel zu sehr von der Arbeit eingespannt war. Ich wurde immer einsamer. An einem fremden Ort.

Ich wollte vor allem wieder etwas besitzen. Etwas haben. Eigentum. Mein Haus für mich. Ich glaubte mit diesem Gefühl, meine Wunden heilen zu können. Schon bald merkte ich aber: Allein dadurch, dass ich die materiellen Güter wieder hatte und Hausbesitzer war, änderte sich nichts an meinem inneren Zustand. Es änderte nur meinen äußeren: Ich hatte mich für alle sichtbar in die Einsamkeit begeben und wurde den letzten meiner damaligen FreundInnen suspekt. Meine Isolation von der Außenwelt nahm bedrohliche Züge an.

Aus heutiger Sicht tat ich damals aus den falschen Gründen genau das Richtige. Dass ich mich selbst hinaus in die Einsamkeit katapultierte, war ein Reflex. Ein Reflex aus dem Verlust. Trotzdem erscheint mir mein damaliger Entschluss aus heutiger Sicht weise. Ich hatte mich direkt in die Leere begeben.

Es gab viel zu tun im und ums Haus. Die Vorstellung, dass mich die Arbeit im Garten beruhigen könnte, bewahrheitete sich. Ich grub, pflanzte, goss und legte Pläne für die Umgestaltung des Gartens an. Ich setzte Obstbäume, Gemüse, neue Blumen und erfreute mich immer öfter an dem gelungenen Tageswerk. Am Abend feuerte ich dann den Kamin an und genoss die behagliche Wärme. Nie mehr habe ich soviele Gedanken niedergeschrieben wie in dieser Zeit.

Heute bin ich den ganzen Tag allein in meinem Haus und in meinem Garten gewesen. Ich habe den Tag nur mit mir zugebracht. Ein Tag, nach dem ich mich oft gesehnt habe in der Vergangenheit. Zeit nur für mich, für Schlafen, Lesen, für Nachdenken. Ein Novembertag ohne Sonne, ohne Nebel, ohne Regen. Ein Tag ohne Menschen. Und ich genieße ihn. Keine Forderungen, ich habe mir nichts vorgenommen, nichts habe ich getan. Ein schöner Tag.

Ich fühlte mich weit weg von allem und geschützt. Ein völlig neuer Tagesablauf stellte sich ein. Ich schaute weniger fern, war weniger traurig, dachte weniger.

Im Garten graben, das Holz spalten, am Kamin sitzen und über mir raucht der Schornstein. Das beruhigt meinen Geist.

Es kam die Auseinandersetzung mit der äußerlichen Leere. Sie war ein Sinnbild für die Leere in mir. Und diese Leere wurde für mich erst hier so richtig greifbar. Hier draußen, völlig abgeschieden, nicht inmitten der Großstadt und anderer Menschen, sondern weit ab auf dem Lande, inmitten der

Natur unter einem endlos offenen und blauen Himmel. Und nachts kein einziges menschliches Geräusch, keine Toilettenspülung aus dem Appartement über mir und kein Motorengeräusch aus der Tiefgarage. Nachts allein im Haus, das Knacken im Gebälk. Hier fand ich endlich einen tiefen Schlaf.

Suche die Einsamkeit und halte sie aus!

> *»All zu oft vermeiden wir das Alleinsein und versuchen viele zu sein, ohne einzeln zu sein, da wir den arktischen Wind der Einsamkeit fürchten, der über die entlegensten Gegenden des Selbst fegt.«*
> *(Sam Keen)*

Aus dieser Angst heraus, versuchen viele, wann immer es geht, die Leere zu vermeiden. Instinktiv ahnen sie: Nichts ist schlimmer als die Leere. Und auf ihre Weise haben sie auch recht.

> *»Es ist diese Leere, dieses Nichts, vor dem wir uns alle fürchten und das so große Angst macht. Wer immer den Weg nach innen geht, begegnet der kühlen Leere und der Furcht erregenden Angst.«*
> *(Sam Keen)*

Aber genauso schlimm – wahrscheinlich schlimmer – ist die ewige Wiederholung eines alten Verhaltensmusters, das vorschreibt, wann immer es uns schlecht geht, andere Menschen aufzusuchen, allein aus dem Grund, vor sich selber und dem eigenen Chaos wegzulaufen. Dieses Muster läuft ab, wenn wir es nicht schaffen, uns in die Einsamkeit zu begeben, uns ihr anzuvertrauen.

Ich fühlte mich innerlich leer. Und dieser Leere musste ich mich in der kommenden Zeit ganz anvertrauen. Ich fragte nicht danach, wie das geht. Ich ließ es geschehen. Außer meiner Leere spürte ich nichts.

Die Angst vor der Leere ist schlimmer als die eigentliche Leere!

Der Buddhismus spricht davon, dass die letzte Wirklichkeit nicht irgendein Gott oder das Sein ist, sondern einzig und allein die Leere. Doch, was ist für den Buddhismus die Leere?

> *»Die Leere weist darauf hin, dass die Dinge, obwohl sie in der Welt der Erscheinungen nach außen real und wirklich zu sein scheinen, in Wahrheit jedoch leer sind.«*
> *(Masao Abe)*

Die Leere ist also demnach so etwas wie *»das Nichtvorhandensein jeder Art von Selbst oder Selbstheit.«*

Mein Selbst war zweifelsohne noch vorhanden. Ich erlebte trotzdem eine eigenartige Leere: Allein in meinem Haus, ohne feste Bezugsgröße, ohne feste Beziehung, ohne feste Aufgabe und ohne festes Ziel. Sie machte mir zunächst große Angst, denn sie zeigte mir, dass ich von niemandem mehr wirklich gebraucht wurde: Nicht mehr von meiner Frau, meinen Kindern, meinen FreundInnen oder Bekannten. In dieser Leere konnte ich mich nicht mehr durch ein bestimmtes Verhältnis zu anderen Menschen definieren, was mir und meinem Leben zumindest einen äußeren Sinn hätte geben können.

Dieses neue Lebensgefühl machte mich allmählich seltsam ruhig. Ich wollte nichts mehr von den vergangenen Dingen wissen und auch nichts von den zukünftigen. Ich begnügte mich mit der Betrachtung meines jetzigen Zustandes. Indem ich mich ganz dieser Leere anvertraute, erfuhr ich, wie sie mich trug und zubereitete, zubereitete für das ganz und gar Neue.

Die Leere ist unbeschreiblich. Nicht zu fassen. Sie ist ein Erlebnis. Sie hat auch keinen Namen. Ich gab ihr keinen. Ich spürte nur instinktiv und tief im Inneren, dass sie das Ende und der Anfang ist, dass ich mich nicht mehr betrügen konnte.

Lass dich zubereiten!

Heute vermute ich: Das Durchschreiten der Einsamkeit ist die Basis für den Neuanfang. Wer die Kraft findet, sich selbst auszuhalten, der hat auch die Kraft für den Neuanfang. Wer sich ganz sich selbst aussetzt, wer realisiert, wie vergänglich dieses Leben ist und sich vollkommen einverstanden damit erklärt, weil selbst dann, wenn alles verloren ist, nichts verloren ist, der kann erst angstfrei alle Möglichkeiten, die ein wirklicher Neuanfang in sich birgt, erkennen, wahrnehmen und begreifen.

In meiner Leere draußen auf dem Land hieß das damals, dass ich mich allmählich einverstanden erklärte mit dem, was geschehen war. Dass ich alles verloren hatte, dass ich nicht wusste, wie es privat und beruflich weitergehen sollte, dass ich ganz allein hier draußen hauste, das alles war mit einem Mal in Ordnung so.

> ***Es gibt keinen Neuanfang zweiter Klasse, keinen Neuanfang ohne Mühen, ohne Angst, ohne Einsamkeit.***

Vielleicht liegt es auch nur am Frühling, an der Sonne, den frischen Knospen und der erwachenden Natur, aber ich halte es hier draußen allmählich mit mir aus. Der Schmerz lässt langsam nach und ich beginne, mich wirklich frei zu fühlen. Das Alleinsein ist plötzlich keine Last mehr, sondern Gewinn. Ich bin innerlich ruhiger, zuversichtlicher, weniger verzweifelt.

Ich stand in der Küche, sah die Weite des Himmels und es war schön. Ich las ein Buch, den Duft von frisch gemähtem Gras in der Nase und es war schön. Ich spürte, dass ich lieben wollte. Und die Person, der ich mich jetzt zuwenden sollte und die ich jetzt lieben sollte, war ich selbst.

Halte still und halte aus!

Ich habe keine Ahnung, wie ich darauf kam, aber ich fühlte, dass ich zubereitet wurde. Ich hatte mich bereits durch eigenes Handeln in diese Situation gebracht. Ich fühlte, dass jetzt nicht der Zeitpunkt war, um wiederum selbst zu handeln. Jetzt war die Zeit, in der ich einzig und allein stillhalten musste. Ich musste still sein und aushalten, meine Einsamkeit, mein Gefühl, überzählig zu sein.

Und dieses Aushalten war nun auch nicht mehr mit jenem riesigen Kraftaufwand verbunden, wie in den Monaten davor. Die Kraft dazu wurde mir jetzt gegeben. Ich konnte aushalten. Ein Zustand der Schwebe, ohne Pläne, ohne Zukunftsgedanken, ohne Sorgen darüber, was aus mir werden sollte, nur mit dem Bewusstsein, an einem Ort zu sein. Hier zu sein.

Und in diesen Tagen geschah ohne mein Zutun etwas mit mir. Ich kann es nur so beschreiben, als dass ich zubereitet wurde.

Wenn ich heute zurückblicke, ist das die Zeit gewesen, in der ich von meinem alten Leben Abschied nahm und das neue dennoch nicht da war.

Und plötzlich die Hoffnung, dass ich alle Kontakte abreiße, nicht um mir weh zu tun, sondern um endlich ganz allein mit mir zu sein. Ich werfe mir nichts mehr vor und lasse mir auch von niemandem mehr etwas vorwerfen. Ein wohliges Gefühl mit mir allein in meinem Haus. Es ist richtig, dass ich lebe wie ein Einsiedler. Nur so – losgelöst von allen menschlichen Beziehungen – kann ich neu zu mir finden. Ich habe kein schlechtes Gewissen mehr, dass ich mir jetzt diese Freiheit für mich nehme. Nur in ihr ist ein Besinnen auf meine eigene Kraft möglich.

Ich machte die Erfahrung, dass es ein besonderes Geschenk ist, den Zustand des Nicht-mehr und Noch-nicht aushalten zu können. Es gab auf einmal keine Vergangenheit mehr und (noch) keine Zukunft.

Die erste Person, die du lieben musst, bist du selbst!

Da ich ein sehr aktiver Mensch bin, der allein durch sein Handeln glaubt, etwas verändern zu können, war dies eine absolut neue und wichtige Erfahrung für mich. Es war die andere Seite des Lebens, die ich kennen lernte. Die Seite des Passiven, Inaktiven und Empfangenden.

Ich wurde beschenkt und das setzte eine bewusste Passivität voraus. Ich konnte mir dieses Geschenk nicht erarbeiten.

Du bist nicht das, was andere sagen!

Es heißt: Du sollst dir kein Bild machen. Hatte ich mir nicht längst ein sehr exaktes Bild davon gemacht, wer und wie ich sei? Es waren vor allem die Jahre meiner Ehe, die mich geprägt hatten und die mich zu einem Bild werden ließen. Auch für mich selbst. Und dieses Bild gefiel mir nicht.

Was andere mich glauben machten: Ich war der, der treu für seine Kinder sorgt, der, der für das wirtschaftliche Auskommen zuständig ist, der, der und der. So hatte ich es mir beigebracht und meine Frau trug das ihre dazu bei. In ihren Augen war ich der, der sie jahrelang unterdrückt hatte, der, der nie ganz berechenbar, der launisch und herrschsüchtig war, der, der mit Freuden Karriere machen durfte und sie, meine Frau, daran hinderte.

Das alles glaubte ich, je länger umso mehr. Ich trug selbst zur Festigung dieses Bildes bei, indem ich die Einschätzungen von außen nicht mehr widerlegen konnte oder wollte und nach und nach immer mehr zu meinem eigenen Bild wurde.

Und unmittelbar nach der Trennung glaubte ich noch immer, ich sei dieses Bild. Es gab einfach nicht viel Gutes über mich zu sagen. So war es auch kaum verwunderlich, dass ich mich in dieser Zeit nur wenig attraktiv für mich und meine Umwelt empfand. Ich glaubte schließlich alles das, was andere von mir behaupteten.

Jetzt, hier draußen in meiner neuen Behausung, wo alles weit weg war, konnte ich mich selbst nicht mehr so genau beschreiben. Die Gespräche mit meiner Frau wurden seltener und damit auch die Konfrontation mit dem Bild von mir, das sie zeichnete. Ich bekam zum ersten Mal eine Ahnung davon, dass ich selbst vielleicht gar nicht so sei, wie sie mir das in den vergangenen Jahren beigebracht hatte. Und in Wahrheit blieb mir auch nichts anderes übrig, als all das zu hinterfragen, was andere von mir zu wissen glaubten und wie ich selbst meinte zu sein.

Du bist nicht das, was die Jahre aus dir gemacht haben.

Ich war kein Unterdrücker, keine Geldverdienmaschine, kein Karrierist, ich war nicht unberechenbar, launisch oder herrschsüchtig. Ich bin überhaupt nicht das, was die Jahre aus mir gemacht haben.

Vielleicht – und das dämmerte mir allmählich – bin ich ganz anders. Vielleicht bin ich liebenswert. Vielleicht weiß ich sehr genau, was ich will und war nur all die Jahre auf dem Holzweg. Mit den falschen Menschen, die bestimmte Dinge von mir verlangten und als ich sie erfüllt hatte, schon wieder andere Dinge von mir forderten. Vielleicht bin ich so nur ständig den Erwartungen anderer hinterhergelaufen, habe mich ganz von außen bestimmen lassen und mich und meinen eigenen Weg vergessen. Ich bin nicht besonders liebevoll zu mir gewesen.

Geh auf Entdeckungsreise! Erinnere dich!

In dieser Zeit spürte ich, wie sich das Bild auflöste, das ich mir von mir gemacht hatte. Zuerst ganz allmählich und dann immer rascher. Ich wurde ein anderer.

Ich fühlte, dass ich jetzt, nach dem Schock durch eine äußere Begebenheit vor einer großen inneren Aufgabe stand, die mir niemand abnehmen konnte. Ich durfte mich, wenn ich weiterleben wollte und das wollte ich mit ganzen Herzen, nicht länger darum drücken. Meine Aufgabe war es, mich auf eine innere Reise mit dem Zielpunkt der (Wieder-)Erinnerung meiner selbst zu begeben.

Wenn ich nicht so war, wie behauptet wurde und was ich nicht glauben konnte, wer war ich dann?

Das musste ich hier draußen herausfinden. Und diesmal sollte mir niemand mehr dazwischen reden. Es würden keine Ausreden, keine mildernden Umstände mehr zählen. Es gab kein Verstecken mehr.

Ein Abenteuer begann.

Die Rückkehr der Bestimmung

»Stille,
das ist die Rückkehr der Bestimmung;
die Rückkehr der Bestimmung nennt man
das Beständige,
das Wissen vom Beständigen nennt man
Erleuchtung.«
(Peter Handke)

Am Anfang warst du stark

Man sieht nur das, was man von sich selber kennt: In meinem Freundeskreis sah ich zu jener Zeit überall nur Menschen, die ihre Krisen durchlebten und für sich an einem ähnlich entscheidenden Punkt ihres Lebens angelangt waren. Das beruhigte mich zwar nicht, gab aber Anlass zu der Vermutung, dass eine solche Krise, wie ich sie erlebte, kein Einzelfall war. Und doch hatte jeder seine eigene Geschichte:

Da gab es jenen Freund, blond, blauäugig und gut aussehend, vom Typ Sunnyboy, der seit seiner von ihm gewollten Trennung von Frau und Kindern immer dicht am Rande des Abgrundes lebte. Fast schien es mir so, als ob er damit spielte. Er konnte sich einfach mit dem Alleinsein nicht abfinden, litt unter Panikattacken und tiefen Depressionen. Ständig kreisten seine Gedanken darum, sich freiwillig in die nächste Psychiatrie zu begeben und so die Verantwortung für sein Leben restlos abzugeben. Er nahm Psychopharmaka, Schlafmittel und Alkohol zu sich wie andere Menschen Süßigkeiten. Nur um zu überleben. Seit seiner Trennung hatte er sich verschiedenen Therapeuten anvertraut. Ich sah, wie er sich dadurch in neue Abhängigkeiten begab. In dem permanenten Gefühl, sich unendlich schuldig gemacht zu haben, konnte er keine Lebensentscheidung mehr für sich alleine treffen. Auf sich allein gestellt, war er außer Stande, seinen gewöhnlichen Alltag zu bewältigen, ohne jede Kleinigkeit mit seinem Therapeuten abzustimmen.

Da gab es jene Frau, die sich, zwanzig Jahre nach der Trennung von ihrem Mann, einer Therapie unterzog, weil sie spürte, dass sie die Wut, die sie damals auf ihren untreuen Mann hatte, über lange Jahre unterdrückt hatte. Sie rechtfertigte sich damit, dass ihr Verhalten für ihre Kinder das Beste sei. Sich und ihre Gefühle ließ sie unbeachtet, in der sicheren Annahme, dass ihre Wut nicht sein dürfe und keine Berechtigung haben könne. Seit einigen Monaten litt sie unter starken Rückenschmerzen, die sie Nacht für Nacht um den Schlaf brachten. Jede Woche verbrachte sie eine Stunde bei ihrem Therapeuten.

Und es gab jenen Freund, der mit Hilfe eines Therapeuten versuchte, sich von Frau und Kindern zu trennen, weil ihn seine Beziehung immer weniger erfüllte. Sie gingen zu Einzelsitzungen und unterzogen sich einer Paartherapie. Immer wieder pendelte er zwischen seinem alten und dem von ihm ersehnten neuen Leben. Zwischenzeitlich lebte er getrennt von Frau und Kindern, versuchte mit sich allein zurecht zu kommen und als er merkte, dass ihm dies nicht gelang, kehrte er wieder zurück zu Frau und Kindern. So endete sein Vorsatz eines Neuanfangs in der Wiederbelebung des Alten.

Ich konnte mich der Vorstellung nicht erwehren, dass diese Menschen eine Art neue Schuld auf sich luden, weil sie ihre Krise nicht als Chance und Aufforderung begriffen und letztlich nicht den Mut aufbrachten, ihr eigenes Leben neu und beherzt anzugehen. Eine Art Feigheit vor dem Neubeginn. Und so kam es mir oft vor, als ob diese Menschen immer wieder nur mit dem Neuanfang spielten, ohne dass sie die Mühe und Einsamkeit, die jeder wirkliche Neuanfang erfordert, auf sich nehmen wollten.

Leben ist die beste Therapie.

Meine Therapie war das Leben. Das war immer so bei mir gewesen und so begab ich mich auch in den dunkelsten Zeiten meiner Neuorientierung nicht in Therapeutenhände. Vielleicht ein Fehler, das mag sein, aber ich wollte es alleine schaffen, auch wenn es keine Vorbilder dafür gab, wie ein Neuanfang gelingen kann.

Doch eines war mir immer klar: Dass es für mich jetzt darum ging, die Chance, als die ich die Trennung von meiner Frau und meinen Kindern sehen musste, auch zu ergreifen. Da durfte es kein Kneifen und keine Halbheiten geben. Es ging schließlich um mich. Ich wollte, dass meine unfreiwillige Trennung und der Verlust meines bisher gewohnten Lebensumfeldes nicht das Ende sein konnten, sondern der Aufbruch in ein neues, schon lange in mir schlummerndes Leben.

Im Grunde spürte ich immer, dass ich durch die auferzwungene Trennung nicht nur etwas verloren, sondern auch etwas wiedergewonnen hatte. Ich konnte zwar das, was ich wiedergewonnen hatte, bislang nicht begreifen, dazu saß der Schock über meinen Verlust noch zu tief. Aber ich wusste, dass sich genau darin der Keim für ein neues, authentischeres Leben befand.

Ich stand in der ersten Zeit noch ganz unter dem Eindruck der Bosheit, Enttäuschung und Verzweiflung, die ich in den Gesprächen mit meiner früheren Frau erfuhr. Aber waren es nicht gerade die gegenseitigen Verletzungen, die mir halfen, die Trennung nun auch selbst aktiv zu wollen? War es nicht ein Glück, mich von dieser Frau trennen zu können, die so gar nichts mehr mit jener Frau zu tun hatte, die ich einst geliebt hatte? War es nicht ein Glück, dass sie mich, dass ich sie jetzt so hasste? Dass wir uns äußerlich so vollkommen voneinander ablösten? Und alles das, was jetzt an Aggression und Hass aus uns herausbrach, war das nicht über viel zu lange Jahre in uns eingeschlossen gewesen? Natürlich hatte etwas in mir selbst schon lange die Trennung gewollt. War es nicht einfach so, dass ich ihr schließlich diese Rolle überlassen hatte, damit sie die Trennung stellvertretend für mich einforderte? War ich nicht einfach feige gewesen und sie mutig?

Sie handelte doch an meiner Stelle.

Ich weiß bis heute nicht, was es genau war, das mich in den ersten Monaten meiner Trennung nicht zerbrechen ließ. Schließlich war ich über Monate hinweg zu einem leidenden Etwas geworden.

Aber ich spürte auch, dass es jetzt nach dieser äußeren und äußersten Erfahrung darum ging, mich selber neu zu finden und zu entdecken. Das Scheitern meiner Ehe war die Voraussetzung für eine neue Selbstständigkeit. Doch wie sollte die aussehen? Ich hatte längst verlernt, nach mir selbst zu schauen, auf meine eigenen Bedürfnisse zu achten und allein zu leben.

Ich spürte, dass ich vieles neu lernen musste, dass das Leben noch eine Rechnung mit mir offen hatte. Dass es mich so einfach nicht davonkommen ließ.

Es musste eine Aufgabe geben, die einzig und allein auf mich wartete. Und wenn es diese Aufgabe gab, verlangte sie von mir, dass ich achtsam mit mir umgehen und jetzt neue Kräfte finden sollte. Doch wo sollte ich die hernehmen? Alle meine Akkus waren leer.

Ich. War. Gescheitert.

Entdecke dich als Kind!

Vielleicht war es ein altes, zerknittertes, vergilbtes Schwarz-Weiß-Foto aus meiner Kindheit, das ich seit Jahren mit mir herumschleppte, das alle meine Umzüge mitmachte und das mich jetzt weiterbringen sollte. Es gab nur dieses eine Bild aus meiner Kindheit, das ich noch hatte, aber es sollte – vollkommen in seiner Art – ausreichen, um mir einen Weg zu zeigen.

Ein neuer, ganz anderer Blick darauf erhellte mit einem Mal mein Bewusstsein.

Das Foto zeigt mich als Kind im Alter von etwa sechs Jahren. Ich sitze locker und entspannt – wie nur Kinder sitzen – an einen großen Baum gelehnt. Die Beine gelassen ineinander verschränkt.

Was mich jetzt am tiefsten beeindruckte, war die vollkommen unbeschwerte und entspannte Körperhaltung, die offenen, neugierigen Augen. Das Foto strahlte eine solche Weltoffenheit und Sorglosigkeit aus, die ich mitunter von anderen Menschen kannte, die ich jedenfalls an mir selbst seit Jahrzehnten nicht mehr erlebt hatte.

»Schaut her, das bin ich. Ich bin liebenswert und ich liebe euch!«

Das sagte mir das Kind auf dem Foto mit seinem ganzen Körper. Und dabei lacht es, die Augen verschmitzt und ohne

Hintergedanken, ganz einfach der Welt entgegen. Ein unbeschwertes Lachen, ein offenes Staunen wie man es nur von Kindern kennt.

Entwerfe ein neues Bild von dir!

Die Ausstrahlung des ganzen Bildes machte einen ungeheuren Eindruck auf mich. Das war also ich! Das bin ich! Das Kind, das einfach so in die Welt blickt, dem man allen guten Willen abnimmt, dem man ein tolles Leben wünscht und das ganz gewiss nicht vorhat, anderen Menschen etwas zu Leide zu tun oder irgendetwas zu nehmen. Ein Kind, dessen Augen vor Entdeckungslust blitzen und das mit jedem und aus vollem Recht auf dieser Welt ist, weil es dieser Welt etwas ganz Bestimmtes zu geben, zu schenken hat.

Auf einmal war es da: Das ganz andere Bild von mir. Meine wahre Identität. Das Kind auf dem Bild, das bin ich. Endlich hatte ich mich wiedergefunden und mir wurde schlagartig klar: Am Anfang, als Kind war ich stark. Und in mir jubelte es: So stark wollte, musste ich jetzt wieder werden.

Natürlich hatte ich, wie so viele Menschen, in all den Jahren mit der sicheren Erkenntnis gelebt, dass meine Kindheit nicht gerade glücklich gewesen sei. Ich hatte fünf Brüder, alle waren sie älter und das hieß für mich damals zugleich, dass sie auch stärker und klüger waren. Eine bedrückende Hypothek, die meine Kindheitsjahre belastete. Meine Eltern, mein launisch-cholerischer Vater und meine arbeitsame und stets zwischen den Fronten stehende Mutter, sind immer arme Leute gewesen. Sie hatten im Krieg ihr ganzes Hab und Gut verloren. Für mich als sechsten Sohn waren sie ganz schlicht zu alt. Sie fielen als Gesprächspartner für meine Wünsche und Probleme aus, hatten selbst all zu viel mit den Sorgen und Nöten ihres Alltags und eines nicht gerade glücklichen Ehelebens zu tun.

Das Verhältnis zu meinen Brüdern war stets mehr von Rivalität und Konkurrenz als von Freundschaft bestimmt. Meine Kindheit war alles andere als einfach. Und so musste sie mir auch für alle möglichen Probleme herhalten: Das Zuhause, die furchtbare Kindheit war an allem Schuld!

Doch jetzt gab es auf einmal dieses Foto. Und mit ihm entdeckte und fand ich die Erinnerung und Gewissheit wieder: Auch ich war am Anfang mit den besten und wichtigsten Eigenschaften, die es auf dieser Welt gibt, ausgestattet, mit deren Hilfe ein glückliches Leben gelingen kann: Ich war als Kind unbefangen, offen und mutig.

> ***Liebe dich so, wie du als Kind warst,***
> ***und finde zu deiner ursprünglichen Kraft!***

Doch von hier aus nahm meine Entdeckungsreise erst ihren Anfang und es kam in mir eine neue Erinnerung hoch. Die Erinnerung an meine eigene Stärke:

Vor meinem inneren Auge sah ich mich plötzlich als kleinen, nicht mehr ganz so unbeschwerten Jungen, der schon im Alter von vielleicht zwölf Jahren genau wusste, was er wollte. Ich erinnerte mich daran und habe das Bild von mir noch ganz genau vor Augen, dass ich, wenn ich denn mal groß wäre, eine Zeitschrift machen wollte. Ich wusste noch, dass die Zeitschrift »Happy« heißen sollte. Dass dieses Wissen von damals so etwas wie eine Berufung gewesen war, diese Erkenntnis wurde mir leider nicht mitgeliefert. Ich spielte einfach damit, mich als Herausgeber einer Zeitschrift zu fühlen. Ich verfasste kleine, witzige Geschichte und klebte sie in ein Heft. Niemand sollte davon erfahren und so blieb alles in meiner Fantasie verschlossen, gut abgeschirmt von der Außenwelt. Niemand sollte davon erfahren, schon gar nicht meine Eltern oder Brüder, weil ich felsenfest davon überzeugt war, dass sie nicht damit umgehen könnten und alles als die Spinnerei eines Kindes abtun würden. Ich schämte mich für meine Fantasie und achtete darauf, dass kein Mensch von ihr erfuhr. So blieb sie einzig und allein bei mir.

Entdecke deinen Lebensplan!

Meinen Lebensplan kannte ich bereits seit meiner Kindheit. Nur, dass es sich bei meiner Fantasie um einen Lebensplan handelte, das wusste ich nicht. Ich musste schon sehr früh eine Ahnung davon gehabt haben, was sich gehört und was nicht und der Wunsch, einmal so etwas wie Verleger zu werden, gehörte zu letzterem. Und deshalb war ich davon überzeugt, weniger zu sein, als ich tatsächlich bin.

Meine Pläne für ein eigenes Leben spielten sich nicht in der Außenwelt ab. Sie besetzten meine Fantasie und führten ein verbotenes Schatten-Dasein. So löste sich auch mein ursprüngliches Gefühl von der eigenen Stärke schnell wieder auf.

Und da kamen sie mit einem Mal, die Fragen: Wie konnte ich es zulassen, dass in all den Jahren, die ich bewusst erlebt hatte, scheinbar so wenig von dieser frühen Selbsterkenntnis und dem Wissen um die eigene Berufung übrig geblieben war? Wie konnte ich es ertragen, dass andere mich benutzten, ein ganz anderes Bild von mir zeichneten und mir ihr falsches Bild von mir auch noch vorhielten? Und wie konnte ich es zulassen, dass das alles zu meinem eigenen Problem wurde?

Ich suchte einen gut sichtbaren Platz in meinem Haus, um dieses Kindheitsfoto, gleichsam wie eine Ikone des bei Sich-Selbst-Seins immer sichtbar vor Augen zu haben.

Dorthin, zurück in die Kindertage, musste ich gehen, um mein wahres Gefühl für die eigene Stärke wiederzufinden. Ich wollte es fortan nicht mehr verlieren.

Wo warst du all die Jahre?

Für viele heißt, erwachsen zu werden, sich den von außen kommenden Erwartungen ganz genau anzupassen. So war das auch bei mir. Doch ein solches Erwachsensein ist ein Konstrukt, ein Fremdbild, das uns übergestülpt wird und das wir vielfach sogar für erstrebenswert halten, weil wir nur so glauben, von anderen anerkannt zu werden. Ein fataler Trugschluss, der dazu führt, dass wir unser wirkliches Selbst, unsere Berufung vergessen. Ein Trugschluss, der zum Ursprung vieler existenzieller Krisen im späteren Leben wird. Dann nämlich, wenn uns jenes Leben aus der Bahn wirft, in dem wir unerkannt bleiben und eine uns fremde Rolle vielleicht allzu perfekt spielen wollen.

Weil wir es nicht schaffen, unsere Unabhängigkeit gegenüber diesen Fremderwartungen zu bewahren, gehen wir in die Irre und müssen auf einem langen, schmerzvollen und mühsamen Weg unseren ursprünglichen Lebensplan wieder auffinden, neu entdecken und den Mut aufbringen neu anzufangen.

Du wusstest immer, wer du bist.
Du hast dir nur nicht geglaubt.

Wie selbstverständlich ging ich nicht den Weg, den ich mir für mich selbst wünschte und erträumte, sondern verfiel auf die Ratschläge von Eltern und Brüdern und wurde Bankkaufmann. Es gab mit Sicherheit keinen Beruf, der von meiner eigenen Vorstellung weiter entfernt lag. Ein Beruf, den ich von Anfang an hasste, der mich einer kalten Faktenwelt aussetzte, mich einsam machte und vollkommen von mir weg brachte.

Und so fing an, was schließlich in der Katastrophe endete. Und keiner sagte mir das. Ich versuchte wider besseren Wissens, so zu leben, wie es sich andere für mich vorstellten. Ich traute meiner eigenen Berufung nicht, auch weil es kein Vorbild dafür gab, wie das gehen sollte. Und war ich nicht anmaßend, wenn ich ein nur mir gemäßes Leben suchte? Lebten nicht alle mehr oder weniger nach den Vorstellungen anderer? Und trugen die nicht glaubhaft Ihre Selbstzufriedenheit vor sich her? Warum sollte das mir nicht gelingen? Ich verleugnete mich selbst über viele Jahre, weil ich eine mir bis heute nicht erklärbare Scham empfand, zu meinem eigenen Berufungserlebnis zu stehen.

Traue deiner Berufung!

Ich führte während meiner Ehe und im Beruf ein anstrengendes Doppelleben. Das eine Leben war für die anderen, in der ich eine mir zugewiesene Rolle mehr schlecht als recht spielte. Da war ich Bankkaufmann, Student, später Ehemann, Geldverdiener, Karrierist und Familienvater. Im anderen Leben tobte eine Sehnsucht nach dem ganz Anderen und die Hilflosigkeit, damit umzugehen. Ich fühlte noch immer nicht das Recht dazu, in der Erwachsenenwelt ein mir gemäßes Leben zu leben.

So vergingen die Jahre. In der Zwischenzeit wurde ich mit knapp 24 Jahren Familienvater, mehr zufällig als gewollt, nahm, wie ich es für richtig hielt, die Verantwortung auf mich und stellte meine Träume immer weiter hinten an. Dass das im Sinne der anderen war, davon ging ich aus. Dann kam die nächste und übernächste Tochter und schnell bin ich in der Zeit kurz vor meiner Trennung angelangt, ohne zu wissen, wo ich in all den Jahren war.

Ich vermute: Ich wollte mich beweisen als erwachsener Mensch, wollte mir und anderen zeigen: »Seht her, das kann ich. Kinder zeugen, sie liebevoll erziehen und viel Geld verdienen!« Doch niemand fand das besonders toll. Es war selbstverständlich für einen Mann meines Alters. Das bedurfte keiner besonderen Anerkennung.

Ich dachte, ich müsste mich verbiegen und mich an den Wünschen und Maßstäben der Außenwelt orientieren. Ich tat dies vor allem deshalb, weil ich glaubte, nur auf diese Weise Liebe und Anerkennung zu erhalten. Und jetzt stellte ich fest: Obwohl ich mich in diesem Sinne verhalten hatte, blieben mir Liebe und Anerkennung versagt. Eine sinnlose Verleugnung.

Das Spiel ging nicht auf.

Deine (un)verschämten Träume

Vielleicht ist es so: Wir Menschen sind nicht von Geburt an darauf programmiert, unsere Träume zu leben. Die richtige Software für ein gelingendes Leben müssen wir erst selbst finden und installieren. Die gibt es nicht von der Stange und nicht im Versandhaus. Das Programm dazu finden wir in unserer Kindheit. Die Informationen, die wir brauchen, sind unsere Träume. Sie gilt es wieder zu entdecken, zu entschlüsseln und zu unserem eigenen Programm zu konfigurieren. Dann erst heißt es: Neustart!

- *(Er)finde deinen Traum vom Leben!*

Ich sehe auch, dass das nicht die Regel sein muss und es tatsächlich diese beneidenswerten Geschöpfe gibt, die ihr Leben so einrichten, wie sie sich das immer vorgestellt haben. Jene, die von Anfang an mit der richtigen Software starten. Wie gesagt, beneidenswert.

Mein Weg sollte mühsamer werden. Fehlgeleitet von fremden Erwartungen unterdrückte ich meinen Traum vom Leben über eine Zeitspanne von Jahrzehnten. Nach dem Schock meiner Trennung, der mich nun aus der gewohnten Bahn meines bisherigen Lebens warf, gab es nur einen Ankerpunkt, den ich mir jetzt erobern musste: Meinen Traum vom Leben.

Und solange ich denken konnte, wusste ich auch, wie mein Traum aussah. Ein unabhängiges Leben wollte ich führen, ich wollte mich ausdrücken, formulieren, wollte finden und erfinden.

Immerhin hatte mich mein berufliches Leben über zwölf Jahre in die Nähe von Büchern gebracht. Ich war Vertriebs- und Werbeleiter bei verschiedenen Verlagen gewesen und hatte stets viel Erfolg. Alle Verlage, für die ich arbeitete, hatten während meiner Zeit eine enorme Aufwärtsentwicklung zu verzeichnen und für diese Entwicklung war ich jedes Mal mitverantwortlich gewesen.

Und doch: Ich hatte mir damals nach dem Germanistikstudium nicht zugetraut, in das Lektorat eines Verlages einzusteigen, sondern ging meiner Ausbildung als Bankkaufmann gemäß in die kaufmännische und wirtschaftliche Abteilung. Noch immer hatte ich kein richtiges Zutrauen zu meinen geheimsten Wünschen und so blieben meine Träume und Wünsche nach wie vor im Verborgenen. Nach meinem Einstieg ins Verlagsgeschäft blieb ich, da ich großen Erfolg hatte, in der von mir einmal eingeschlagenen Richtung und schaffte es auch zu einer gewissen Anerkennung als Verkaufs- und Werbeleiter.

Ich schämte mich, aus welchen Gründen auch immer, nach wie vor, meinen Traum zu leben. Ich hatte Angst davor, ihn mir zu erfüllen, vielleicht weil ich dachte, dass ich es nicht verdient hätte oder ihn nicht erreichen würde. Vielleicht weil ich ganz einfach Angst hatte vor dem, was andere über mich denken könnten und davor, mich lächerlich zu machen. Vielleicht weil ich Angst davor hatte, auf meine eigene Kraft und Stärke zu bauen.

Du kannst doch nichts verlieren!

Nun lebte ich schon einige Monate in meinem Haus weitab, draußen auf dem Lande. Ich machte mir immer mehr klar, wie sehr mein bisheriges Leben Schiffbruch erlitten hatte und jetzt hieß es für mich, mich an meinen ursprünglichen Lebensentwurf wieder anzukoppeln. Und mit einem Mal erschien mir dies auch nicht mehr ganz so unmöglich.

Durch meine Trennung hatte ich alles verloren. War das nicht so etwas wie ein Kriegserlebnis? Meine Ehe war tatsächlich in den letzten Jahren ein einziger Kriegsschauplatz und nun nach der offiziellen Beendigung dieses Kriegszustandes hatte ich als Preis meine bisherige Heimat aufzugeben. Das war so ziemlich alles, was ich bislang glaubte sicher zu besitzen. Konnte mir denn jetzt überhaupt noch etwas Schlimmeres geschehen? Das Bewusstsein, alles verloren zu haben, hatte auch sein Gutes: Mehr konnte ich nicht verlieren. Eine neue, befreiende Einsicht stieg in mir auf: Ich hatte jetzt nichts mehr zu verlieren. Also, warum nicht aufs Ganze gehen?

Und als ich mir diese Gedanken klar machte, verschwand zugleich die Angst. Die Angst vor der Unsicherheit, vor dem Risiko, dem Fall.

Wie viele Monate waren nun schon vergangen?

Ich war noch immer allein, abgeschnitten von der Außenwelt. Was ging mir nicht alles durch den Kopf?

Wo war das neue Leben? Warum dauerte alles so lange?

Nach dieser langen Zeit des Rückzugs, der Rückbesinnung und Wiederentdeckung meiner kindlichen Träume kam es zu einer Initialzündung und einem tiefen Empfinden für den richtigen Zeitpunkt:

Wann, wenn nicht jetzt ist die Zeit reif dafür, meine Träume und Vorstellungen von mir selbst zu leben?

Und was kann mir schon passieren? Natürlich kann auch dieses Vorhaben daneben gehen, aber wenn ich es jetzt nicht versuche, so werde ich es wahrscheinlich nie mehr versuchen und in späteren Jahren mit dem Bewusstsein leben müssen, es nicht einmal versucht zu haben. Und das wollte ich nicht.

Dafür kannte ich zu viele Menschen, die aus Angst und einem übergroßen Sicherheitsverlangen den bequemen Weg gegangen sind. Das sollte mir, nach allem, was passiert war, nicht auch noch passieren.

Und diesmal, so schien es mir, hatte ich es selbst in der Hand, ganz bewusst, mein Leben.

Werde, wie du bist!

Die Arbeit an Haus und Garten erfüllte mich, nahm viel Zeit in Anspruch und lenkte mich auch vor all zu großer Selbstbespiegelung ab. Die FreundInnen wurden zwar immer weniger, für viele war der Weg zu mir schlicht zu weit. Die verbliebenen ließen mich in Ruhe und an schlechten Tagen dachte ich, sie hätten mich vergessen. Aber all zu viel darüber nachdenken wollte ich nicht.

An jedem zweiten Wochenende kamen meine Kinder zu mir und wir genossen das Haus, das große Grundstück und die ganz eigene Welt, hier draußen auf dem Lande. Die Kinder akzeptierten meine neue Welt und ich hatte oft den Eindruck, als ob sie sich ein wenig ausruhten hier.

Ich geriet zwar hin und wieder in tiefe Traurigkeit, aber dennoch hatte ich das bestimmte Gefühl, dass jetzt, ganz langsam, im gleichen Maße wie ich mein altes Leben abstreifte, etwas Neues begann. Nicht mit einem Donnerschlag von heute auf morgen, nein, es wuchs heran wie ein zartes Pflänzchen, das täglich der liebevollen Pflege und Sorge bedurfte.

Ich hatte jetzt erst einen Abstand zu meinem früheren Leben gewonnen.

Glaube daran, dass nur du dein Leben verändern kannst!

Ich war in gewisser Weise stolz darauf, das alles bisher aus eigener Kraft geschafft und einem neuen Leben Tür und Tor geöffnet zu haben. Noch wusste ich nicht, wohin das alles führen sollte:

> *Noch immer ein Zwischenreich, in dem ich lebe, worin ich mich noch nicht endgültig einrichten kann, weil von heute auf morgen die große Veränderung kommen kann. Einen Plan, den Startschuss für ein neues Leben, den gibt es noch nicht. Noch nicht. Ich richte mich aber darauf ein und brauche viel Geduld.*

Und weiter:

> *Die Zeit hier ist ein Übergang. Mein Eremitendasein ist kein Endpunkt, nur eine notwendige Zwischenstation. Ein Trainingslager für neue Zeiten. Ich ahne schon das Licht am Ende des Tunnels.*

Vertraue deiner eigenen Kraft und Stärke!

Vom Horoskop her bin ich ein Luftzeichen, immer mit eigenen Ideen beschäftigt, kreativ, unruhig und viel in der Fantasie lebend. Das sind alles Eigenschaften und Werte, von denen ich gelernt hatte, dass man ihnen nicht vertrauen konnte. Flüchtige, brotlose Eigenschaften. Aber so war ich nun einmal. Und gerade in meinem bisherigen Leben haben viele Menschen in meinem Umfeld diese Eigenarten an mir geschätzt und sämtliche Arbeitgeber hatten es verstanden, davon gut zu leben. Ich galt als jemand, dem immer wieder etwas Neues einfiel, der seine Nase im Wind hat, der vor Kreativität nur so sprüht, der es versteht, Kontakte zu knüpfen und Geschäftsideen umzusetzen. Alle wussten das, auch ich. Nur – schätzte ich meine Eigenschaft auch selbst?

Du kannst nur gewinnen.

Warum sollte es mir nicht gelingen, von meinen eigenen Ideen zu leben? Das hatte ich mir bisher selbst nie zugetraut. Jetzt war die Zeit reif dafür, zu mir und meinen Ideen zu stehen und sie an der Realität zu erproben. Was konnte ich schon noch verlieren? Und wie viel konnte ich gewinnen? Auf einmal wusste ich: Es gibt keine wirkliche Sicherheit. Sicherheit ist eine Illusion. Es gibt nur das Vertrauen in meine eigenen Kräfte und Stärken, die ich jetzt klar beschreiben konnte.

Erst ganz allmählich begann ich Pläne zu schmieden.

Du schaffst es!

»Wir können uns selbst
eine immer größere Vision unseres
Selbstbildes kreieren.
So entdecken wir,
dass wir weit mehr sind als das,
was wir bisher über uns selbst dachten.
Das ist der Sinn des ganzen Lebens.«
(Neale Donald Walsch)

Alles hat seine Zeit

Mein Neuanfang kam nicht von heute auf morgen. Ich musste lernen, dass ich mir nach meinem privaten Scheitern nicht voreilig und all zu schnell neue Ziele setzte.

Alles braucht seine Zeit und so ist es auch mit den neuen Zielen. Sie brauchen Zeit und müssen zunächst einmal warten, denn nur allzu schnell geraten wir in das alte Fahrwasser, wenn wir unsere neuen Ziele nicht ganz bewusst suchen und wählen. Und Neuorientierung finden wir nur, wenn wir nicht davor zurückschrecken, uns ganz zurückzuziehen, in die Einsamkeit, in die Leere und unsere eigene Kindheit wieder entdecken. Dieser Gang in die Leere, in die Wüste ist eine notwendige Aufgabe vor der wir stehen und vor der wir uns zugleich fürchten, weil sie die Begegnung mit dem eigenen Schmerz bedeutet und wir genau dies vermeiden möchten. Nur wenn es uns gelingt, durch diesen Schmerz zu gehen, kann ein Neuanfang gelingen. Dafür müssen wir uns viel Zeit nehmen, meistens mehr als wir zunächst meinen. Jeder Neuanfang ist ein Prozess in verschiedenen Stufen und wir müssen darauf achten, den zweiten Schritt nicht vor dem ersten zu tun.

Immer wieder war ich ungeduldig. Ich wollte, dass mein neues Leben endlich anfinge. Dabei wusste ich nicht, dass es bereits begonnen hatte. Ich spürte immer wieder die Verzweiflung. Wo war das Neue? Alles ging mir viel zu langsam. Was sollte auch das Leiden mit einem Neuanfang zu tun haben?

Nur aus Langeweile geht der Tag,
nichts wird in die Erde ausgebracht,
nichts wächst, nichts kommt empor.

Es ist wie zugenagelt, versiegelt
ist das Land und brach,
kein Kuss und nichts entsteht.

Nur Angst, Verlorenes zu verlieren
und kein Vertrauen in das Ungeborene.
Nur Warten, stehen und viel Zeit.

Der Raum vergeht, die Tage
schwinden ohne Laut.
Wann springt das Leben aus dem Tag?

Ich war so voller Ungeduld.

Die neuen Ziele brauchen Zeit.

Die neuen Ziele, die ich meinem Leben setzen musste, tauchten erst langsam auf, unmerklich aus einem Ozean namens

Einsamkeit, aus der Rück- und Wiedererinnerung an meine ursprünglichen Pläne. Meine neuen Lebensziele mussten mit meiner Person ganz übereinstimmen und daraufhin erforscht werden, ob ich mich nicht wiederum zu sehr von eigenen Ängsten, Fremderwartungen oder Selbsttäuschungen bestimmen ließ. Die neuen Ziele mussten authentisch sein, meiner Berufung entsprechen, sie mussten aus meinem Innersten kommen und mich dorthin führen, wo ich ganz bei mir selbst sein würde. Sie durften mich nicht ein zweites Mal in die Irre führen. Nur so bekäme mein Neuanfang Substanz und könnte gelingen.

Ich musste endlich, nach all den Jahren, in denen ich mein Leben nur nach den Bedürfnissen und Forderungen anderer ausgerichtet hatte, meinem eigenen Lebensplan folgen. Und ich wusste, *»dass (die) Ausdauer und (der) Mut eines Menschen geprüft werden, der nach seinem persönlichen Lebensweg sucht«* (Paulo Coelho). Und ich las weiter: *»Darum durfte er auch nichts überstürzen oder ungeduldig werden. Sonst würde er die Zeichen Gottes am Wegrand nicht bemerken«*.

Ja, das war genau meine jetzige Lebenssituation. Ich zog aus diesem Buch die Gewissheit, dass ich bei allem, was ich tat, nicht auf dem Holzweg sein konnte und gewann eine neue Zuversicht und Vertrauen in meinen Weg. *»Das Leben ist wirklich sehr großzügig mit dem, der seinem persönlichen Lebensweg folgt.«* Mit einem Mal waren die Sätze aus dem »Alchimist« für mich keine literarische Fiktion mehr, sondern meine eigene Wirklichkeit.

Es ging jetzt darum, dass ich zum ersten Mal nach einer Zeit, die vor allem vom Loslassen geprägt war, das Neue in mir zur Form werden ließ. Das war ein aktives Tun, ein Bündeln und Gestalten. Als all die Fremdeinflüsse und alten Bilder von mir selbst zurückgedrängt waren und das übrig blieb, was ich für mich hielt, kam der Zeitpunkt, meinem Leben neue Ziele zu setzen. Da lebte ich etwas mehr als drei Jahre allein.

Seit einigen Monaten hatte ich eine Beziehung mit einer Frau, die zwar leidenschaftlich aber wenig harmonisch verlief. Obwohl sie sehr wichtig für mich war und mich ab und an aus der selbstgewählten Abgeschiedenheit hinaus in die normale Welt brachte, hatte ich immer das Gefühl, dass diese Beziehung nicht von Dauer, sondern eine Art Übergangsbeziehung für mich sein sollte. Ich wusste, dass ich noch nicht bereit war für eine dauerhafte, neue Beziehung. Der Platz in meinem Herzen war noch nicht leer. Sie aber wollte mich besitzen, eine verbindliche Beziehung mit mir eingehen und diesen Wunsch konnte ich ihr nicht erfüllen. Und so kam es dann, dass ich dieser Beziehung ein Ende setzte. Und wieder wurde ich traurig darüber, dass das noch immer nicht mein neues Leben war.

Doch diese Frau hatte mich (wieder) gelehrt, Glück zu erleben und all die schönen Dinge zu genießen, die ich in der von tiefer Trauer geprägten ersten Trennungszeit gar nicht wahrgenommen hatte. Sie war es, die mich wieder zu einem mitfühlenden Menschen werden ließ, der die Natur, die Sonne, den Himmel genießen konnte. Mit ihr konnte ich wieder lachen, reden und fühlen. Sie war mir eine wichtige Verbündete in diesen schweren Zeiten.

Beruflich hatte ich eine schwierige Entscheidung zu treffen: Mir lag das Angebot eines größeren Verlages vor, der mich als Spezialisten für seine Verkaufsabteilung gewinnen wollte. Zunächst war ich begeistert, doch dann prüfte und überlegte ich – das Angebot war verlockend – ob das nun meine große Veränderung sein sollte. Nachdem ich mich mit den Verlagsherren getroffen hatte, schien auch schon alles in trockenen Tüchern zu sein, der Vertrag war unterschriftsreif. Obwohl mir die Avancen des Großverlages gut taten und meine Eitelkeit befriedigten, zögerte ich, überlegte hin und her, wog das Dafür und das Dagegen ab und konnte mich nicht eindeutig für die neue Arbeitsstelle entscheiden. Ich spürte, dass ich im Grunde meines Herzens nicht für einen Großverlag arbeiten wollte, dessen Struktur meinem Bedürfnis nach kreativer Freiheit wahrscheinlich noch weniger Raum übrig ließ als das bisher schon der Fall war.

Ich wollte auch keinen Ortswechsel, wollte nicht in eine fremde Stadt, fernab von meinen Kindern ziehen. Und so wurde ich mir immer sicherer, dass ich die Stelle nicht annehmen wollte. Ich schlug einen möglichen Karrieresprung, der mir einen beruflichen Aufstieg garantiert hätte, aus.

Was wollte ich denn?

▪ ***Mache dir vollkommen klar, was du willst.***

Ich wollte selbstständig, finanziell unabhängig und mein eigener Arbeitgeber sein. Ich wollte eine Zeitschrift herausgeben, die es so bislang nicht gab. An der Tatsache, dass ich einen steilen Karrieresprung zu einem großen Verlag einfach ausschlug, wurde mir mein größter beruflicher Wunsch mit einem Mal wieder bewusst und es war an der Zeit, mir dieses Ziel jetzt auch ernsthaft zu setzen. Ich konnte mich nicht mehr darum herumdrücken, meinen für mich entworfenen Lebensplan endlich auch umzusetzen. Es musste Schluss sein mit den Gedanken an das, was ich beruflich und privat nicht wollte. Ich musste für mich das fest ins Auge fassen, was ich wollte. Das war meine berufliche Selbstständigkeit. Und damit die Sehnsucht, wieder mit meiner ursprünglichen Kreativität in Verbindung zu kommen.

Doch zwischen diesem Ereignis und der Kündigung meines Arbeitsplatzes, meiner vermeintlichen beruflichen Sicherheit, verstrichen Wochen und Monate.

Es braucht alles seine Zeit. Ich hatte Angst vor der Veränderung. Die Sucht nach dem, was gemeinhin unter Sicherheit verstanden wird, beherrschte auch mich noch all zu sehr. Jetzt wusste ich zwar, dass ich meine Zufriedenheit nur dann finden könnte, wenn ich meine eigene berufliche Existenz anging. Aber der Mut, diesen Entschluss auch umzusetzen, der fehlte mir noch immer und ich hatte keine Ahnung, woher ich ihn nehmen sollte. Schließlich hatte ich für drei Kinder finanziell zu sorgen. Das bedrückte mich und machte meine Entscheidung auch nicht leichter. Doch hatten nicht auch meine Kinder einen unausgesprochenen Anspruch darauf, dass ihr Vater seinem Lebensweg folgte? Und wie würde ich mich fühlen, wenn ich mit 60 oder 70 Jahren auf ein Leben zurückblicken müsste, das nicht wirklich meinen Vorstellungen entsprach? Doch die Veränderung ließ auf sich warten und lange, zähe Berufstage sollten noch folgen. Es waren wieder Tage, Wochen, Monate des Nicht-mehr und Noch-nicht. Ich war weder mit meinen Gedanken ganz in der Gegenwart noch in der Zukunft.

Aber mein neues Ziel stand nun fest. Und es hieß: Berufliche Selbstständigkeit.

Du bist, was du glaubst!

Es stimmt schon: Wir Menschen sind aus denselben chemischen Bausteinen und Elementen zusammengesetzt wie Tiere oder Steine. Doch es ist nicht ganz so, wie uns die moderne Biotechnik versucht Glauben zu machen, dass es allein darum gehe, den menschlichen Bauplan in unseren Genen zu entdecken und schon wüssten wir, wer wir sind. Was uns von allen anderen Geschöpfen am meisten unterscheidet und als Menschen auszeichnet, ist die Tatsache, *»dass wir aus dem Stoff der Dichtung und Träume sind«* (Norman O. Brown).

Die menschlichste Aufgabe besteht deshalb darin, unseren Traum vom Leben zu realisieren. Wir sind nicht determiniert, nicht von der Natur und nicht von unserer Erziehung, sondern immer und ständig Schöpfer unserer eigenen Physis und Körper-Geist-Seele-Person. Wir sind grenzenlos frei! Indem wir uns eine Vorstellung von uns selbst machen, sind wir schon auf dem besten Wege, so zu werden, wie wir uns das wünschen und vorstellen. Wir legen eine bestimmte Vorstellung von uns fest, träumen unseren Traum vom Leben und sind dazu aufgerufen, dieser Vorstellung von uns im realen Leben so nahe wie möglich zu kommen. Dazu sind wir alle berufen und nur wenn es uns gelingt, danach zu leben, werden wir eines Tages auf ein erfülltes und zufriedenes Leben zurückblicken können.

Einbildung ist auch eine Bildung.

Als Kind pflegte meine Mutter immer zu mir zu sagen: »Einbildung ist auch eine Bildung.« Das meinte sie halb im Spaß und halb im Ernst. Sie wiederholte ihren auf mich gemünzten Spruch ein ums andere Mal, weil sie sah, wie oft ich mich schon als Kind in der Welt der Fantasien, Träume und Vorstellungen bewegte. Und damit schien sie gar nicht einverstanden. »Einbildung ist auch eine Bildung«, wie sehr hatte sie doch recht, ohne dass sie es wusste oder beabsichtigte.

Unsere Vorstellungskraft ist tatsächlich jene Kraft, mit und aus der wir unsere Person formen und bilden können. Nirgendwo sonst sind wir mit jener Dringlichkeit dazu aufgerufen, diesen berauschenden Selbstbildungsprozess in Gang zu setzen als im Neuanfang. Nirgendwo sonst kommt es so sehr darauf an, dass wir uns eine möglichst konkrete Vorstellung davon machen, wie unser Leben weitergehen soll. Denn gerade jetzt sind wir gefordert, uns selbst eine andere, neue Richtung zu geben. Wohin die Reise gehen soll, sagt uns das Bild, jene bestimmte Vorstellung, die wir uns davon machen, wie wir sein möchten. Wir müssen uns nur im Geiste das Bild dessen ausmalen, was wir zu erreichen wünschen.

Übe deine Vorstellungskraft!

Dazu machte ich eine Übung:

Sie setzte voraus, dass ich mir vorstellte, wie ich zu einem bestimmten zukünftigen Zeitpunkt leben will. Die Übung verlangte von mir, dass ich mir ganz konkret vorstellen sollte, wie ich in fünf Jahre leben wollte. Und diese Vorstellung sollte ich formulieren und schriftlich festhalten.

Das hörte sich bei mir so an:

In fünf Jahren möchte ich selbstständig als Verleger oder Autor leben, mit einer lieben Lebenspartnerin ein

Haus im Grünen bewohnen und zu meinen Kindern einen freundschaftlichen Kontakt pflegen.

Diese Sätze schrieb ich auf ein Stück Papier. Sinn der Übung ist nicht, dass ich nun voller Ehrgeiz damit anfange, diese Vorstellung von mir so schnell wie möglich auch umzusetzen. Die Übung will sogar, dass ich das schriftlich Fixierte wieder vergesse. Konkret heißt das, den Zettel mit dem Aufgeschriebenen wieder wegzulegen.

Die Übung bezweckt vielmehr, dass ich meinem chaotischen Verlangen nach einem anderen, besseren Leben eine Form gebe und meine Vorstellung im wahrsten Sinne des Wortes festhalte. Denn erst, was ich aussprechen und formulieren kann, erblickt das Licht der Welt und beginnt zu existieren.

Es geht darum, dass meine formulierte Vorstellung davon, wie ich in nicht all zu langer Zeit leben möchte, wieder in mein Unterbewusstsein hinabtaucht und mein Leben von dort fortan umso mehr bestimmen wird, als es das in meinem Bewusstsein je tun könnte. Auf diese Weise schlägt mir meine Vorstellungskraft einen Weg durch das Dickicht der Alltäglichkeiten und gibt meinem Tun unbemerkt ein Ziel.

Als ich diese Übung für mich machte, war ich noch Monate von dem Zeitpunkt entfernt, an dem ich auch einen ersten, nach außen hin sichtbaren Schritt für eine Veränderung tat. Alles spielte sich zu jener Zeit noch immer in meinem Inneren, meiner Vorstellung ab. Heute weiß ich, dass es gut war zu zögern und diesen großen Schritt mit einer gewissen Ehrfurcht langsam und allmählich anzubahnen. Denn erst aus dem Prozess des inneren Durchlebens und Reifens könnte ich die notwendigen äußeren Schritte bedenken und sie schließlich mit ganzer Kraft und Überzeugung auch gegen mögliche Widerstände vollziehen.

Obwohl ich davon überzeugt war, dass meine berufliche Veränderung direkt vor der Tür stand, hatte ich noch immer große Angst diese auch aufzutun. Was würde werden, wenn ich selbstständig bin? Hatte ich mir das alles auch wirklich genau überlegt? Wie würde ich finanziell über die Runden kommen? Sind nicht viele schon an ihrer Selbstständigkeit gescheitert? Warum sollte gerade ich das Recht besitzen, nach meiner Vorstellung zu leben? Solche und ähnliche Fragen beschäftigten und quälten mich, bereiteten mir viele schlaflose Nächte. Ich hatte eine panische Angst davor, mich für das Falsche zu entscheiden.

Lass dir Zeit!

Zu allem kam, dass ich mich privat noch längst nicht wieder sicher fühlte. Die Beziehung zu meiner früheren Frau war weiterhin problematisch. Ich war oft wütend auf sie, weil sie noch immer Macht über mich ausübte und mir die Kinder entfremdete. Es gab unentwegt Streit. Wir waren noch längst nicht das Bilderbuchpaar, das sich trotz der Trennung versteht und alles miteinander bespricht.

Im Gegenteil: Es schien mir so, als ob meine Frau eifrig daran arbeitete, mich aus der Familie vollkommen zu entfernen. Über meine Kinder erzählte sie mir nichts. Sie teilte mir nichts darüber mit, wie es ihnen erging, wie sie mit der Trennung zurechtkamen, welche schulischen Probleme es gab. Ich erfuhr nichts von ihr über die tausend Kleinigkeiten und Alltäglichkeiten, die ich früher unmittelbar miterlebte. Ich fühlte mich ausgestoßen, für nichts mehr zuständig und verantwortlich, ich war kein Teil der Familie mehr. Bestenfalls wurde ich von meiner Frau als naher Verwandter behandelt. Die offenen Kampfhandlungen flauten zwar ab, aber der Kriegszustand hielt noch immer an. Von einer Aussöhnung konnte keine Rede sein. Darunter litten selbstverständlich auch die Kinder. Die zahlreichen fruchtlosen Auseinandersetzungen mit meiner Frau kosteten mich viel Kraft und raubten mir alle Energie, die ich für einen beruflichen Neuanfang gebraucht hätte.

Die Kinder selbst erzählten nicht viel von sich und von zuhause. Ihre Zeiten bei mir wurden immer mehr zu Besuchszeiten. Ihr zweites Zuhause, das ich ihnen geben wollte, entstand nicht, blieb leblos und ich war in meinem Haus zumeist allein. Auch die Telefonate mit den Kindern nahmen allmählich ab. Mein Verhalten den Kindern gegenüber war unsicher und das ihre mir gegenüber nicht weniger. Geprägt von meiner langen Erfahrung als anwesender und mitfühlender Vater, stellte ich mir immer wieder die Frage: Was bin ich jetzt? Vater? Single? Ich konnte weder das eine noch das andere leben.

So gab es in ständigem Wechsel Tage des Hochgefühls über meine neue, grenzenlose Freiheit und Tage der tiefsten Trübsal über mein Ausgestoßensein von der Familie. Gleichbleibende Gefühle stellten sich nicht ein, es war noch immer ein Überlebenskampf für mich, ein Auf und Ab, voller Tatendrang und Selbstzweifel.

Verzeihen ist gut – leben ist besser

Die Wut ist ein Gefühl, dem man sich nicht gern anvertraut. Und doch überwältigen uns Wut und Trauer oft in gleicher Weise. Den Sinn der Trauer für das Loslassen hatte ich bereits erfahren: Trauer ist unerlässlich und notwendig, wenn wir Altes verabschieden und uns für das Neue zubereiten, für das Neue offen sein wollen. Die Trauer hilft uns dabei, den Zustand der inneren Leere herzustellen, der für den Neuanfang so wichtig ist.

Es macht keinen Spaß, traurig zu sein. Doch die Fähigkeit zu und die Notwendigkeit gelebter Trauer ist unbestritten. Das Abgleiten in hektische Betriebsamkeit und Aktivität verdrängt diesen Prozess und macht eine Ablösung von der Vergangenheit unmöglich. Die Unfähigkeit zu trauern, ist der tiefere Grund, wenn ein Neuanfang nicht wirklich gelingt.

Und wie verhält es sich mit der Wut? Auch sie ist ein Gefühl, das danach ruft, gelebt zu werden. Doch worin soll ihr tieferer Sinn liegen? Diese Frage habe ich mir oft gestellt. Im Gegensatz zur Trauer wird sie vielfach nicht akzeptiert. Wut ist gesundheitlich abträglich, heißt es, sie ist schlecht und tut keinem gut. So lesen wir es zumindest in zahlreichen Lebensratgebern. Wir sollen nicht wütend sein, das führe nur zu seelischer Verhärtung und emotionaler Verarmung. Wir sollen verzeihen und das auf der Stelle! Ohne Umwege. Wir sollen gute Menschen sein und Wut ist nicht gut.

Diese Ansicht hat nach meiner Erfahrung aber mit der Wirklichkeit nur wenig zu tun. Wir können bestimmte Gefühle wie die Trauer nicht generell als nützlich, wichtig und moralisch gut deklarieren und andere wie die Wut als schädlich, unnütz und moralisch schlecht. Wir sind ganze Menschen und wir müssen alle unsere Gefühle leben. Natürlich in einer Weise, die die Umwelt und uns möglichst nicht zu sehr belastet, aber wir sollen leben, was wir fühlen. Sonst werden wir uns und unserer Umwelt fremd. So wie vor dem Loslassen die Trauer kommt, kommt vor dem Verzeihen die Wut.

Wut ist gut!

In den ersten Tagen nach der Trennung fühlte ich keine Wut. Noch nicht einmal in den ersten Wochen. Ich war noch ganz Ehemann und Vater. Ich machte mir Sorgen um meine Frau, ob sie sich das auch alles genau überlegt hatte. Aus heutiger Sicht war das eine klassische Projektion. Ich wollte und konnte noch nicht auf mich schauen, ich sah noch immer zuerst auf die anderen. Auf die Kinder, auf meine Frau. Und der Gedanke beschäftigte mich, ob die andere, meine Frau, auch alles richtig machte. Ich wollte mich und meine Gefühle nicht anschauen. Ich hatte schlicht Angst davor und stand noch zu sehr unter Schock. Ich war leblos in diesen ersten Tagen, weder traurig noch wütend.

Das Leben kehrte erst allmählich wieder in mich zurück. Zuerst kam die Trauer, das Empfinden für das abgrundtiefe Verlassensein. Dann erlebte ich das Glück mit einer anderen Frau und auf einmal spürte ich auch wieder meine Wut. Eine Wut auf das, was meine Frau mit mir angerichtet hatte. Eine Wut darauf, dass sie mich verlassen hatte, dass sie mir alles weggenommen hatte, wie rücksichtslos und egoistisch sie gehandelt hatte. Eine Wut darauf, dass sie ganz egoistisch meinte, die bessere Ansprechpartnerin für unsere Kinder zu sein. Ich hätte diese Aufzählung damals bis ins Unendliche fortsetzen können.

Das Aufbrechen meiner Wut war wie das Erwachen aus einer Empfindungslosigkeit, einer Narkose. Und das Erwachen kam plötzlich. Von einer Minute auf die andere. Da gab es kein Fragen mehr danach, ob ich wütend sein durfte oder ob sie mir nütze. Die Wut stieg in mir hoch: Das durfte doch alles nicht wahr sein. Das ist unglaublich. Eine einzige Rücksichtslosigkeit, purer Egoismus und kalte Rache.

Lebe deine Wut!

»Die meisten Männer empfinden eine Scheidung wie eine Entlassung, als ob man von einer Arbeit, angetreten am Tag der Hochzeit, gefeuert würde.«
(Robert Bly)

Ich gebe zu, so war es. Und deshalb war ich wütend.

Es gab zwar Zeiten und Anlässe der Annäherung, aber die Wut auf meine Frau blieb mein ständiger Begleiter. Sie hatte auch eine konkrete Grundlage und war im selben Maße berechtigt wie meine Trauer. Und ich war überzeugt davon, dass die Wut, die ich fühlte und die mein Verhalten meiner Frau gegenüber mitprägte, genauso wichtig für die Ablösung von ihr war wie die Trauer. Ich ließ sie bedenkenlos zu. Ich hatte ein Recht auf meine Wut.

Einen bereits erwähnten Fall aus meinem Freundeskreis, der die Wichtigkeit der Wut beschreibt, möchte ich kurz schildern:

Eine Frau litt seit einigen Monaten unter schweren Rückenschmerzen. Ihre Schmerzen waren so stark, dass sie nachts oft nicht einschlafen konnte. Da sie selbst eine Ursache für die Rückenschmerzen in ihrer unverarbeiteten Trennungsgeschichte vermutete, ging sie in therapeutische Behandlung. Sie hatte sich vor über zwanzig Jahren von ihrem damaligen Mann getrennt. Der Grund war eine weitaus jüngere Freundin, mit der ihr Mann zusammenzog. Mit diesem Mann hatte sie bereits zwei kleine Söhne, die beide bei ihr blieben. Sie feierten nach der Trennung jeden Geburtstag, Ostern und Weihnachten stets zusammen und sie arrangierte die Familientreffen jeweils bis zur Selbstaufgabe. Ein Musterbeispiel für eine »gute« Trennung. Ihr Mann und seine neue Freundin durften sogar in ihrem Bett schlafen, wenn sie zu Besuch kamen. Wichtig war ihr, dass die Kinder nicht unter der Scheidung leiden sollten. So verhielt sie sich stets herzlich gegenüber ihrem früheren Mann und seiner neuen Freundin, denen das natürlich gut gefiel. Nur hatte sie bei allem sich selbst vergessen. Und ihr Körper machte sie jetzt, zwanzig Jahre danach, darauf aufmerksam. Sie hatte sich ihre Wut auf den Mann, der sie einfach verlassen und eine Jüngere vorgezogen hatte, nie eingestanden. Sie hatte ihre Wut verdrängt, weil sie alles richtig machen wollte. Eine wütende Ehefrau und Mutter hätte ihre Umwelt nicht für gut geheißen.

Dieses Beispiel zeigt was passiert, wenn die Wut über viele Jahre hinweg unterdrückt wird. Wenn wir dies tun, wenn wir sie, aus moralischen Gründen vielleicht, verdrängen, schlägt sie früher oder später auf uns zurück. Wir sind keine Engel. Wir haben Gefühle. Und diese, ob wir das gut finden oder nicht, rufen danach, gelebt zu werden.

▪ *Deine Wut ist deine Kraft.*

Mir jedenfalls sollte das nicht passieren. Ich gab meiner Wut alle Berechtigung der Welt. Sie machte mich stark und frei. Sie machte mich lebendig und menschlich. Sie war für mich eine lebenserhaltende Kraft, die ich gegen meine Resignation einsetzte. Meine Wut war es, die mich in dunklen Zeiten anspornte: » Mich kriegt ihr nicht klein. Euch werde ich's zeigen. «

Und war es nicht auch für mich wichtig, den Hass und die Wut meiner Frau zu spüren? Indem auch sie diese Gefühle lebte, machte sie die Trennung erst unumkehrbar und mir machte sie es leicht, mich ganz von ihr ab- und mich mir zuzuwenden.

Auch wenn viel davon gesprochen wird: Ich weiß nicht, ob es im Leben wirklich um Verzeihung geht. Jeder hat natürlich das Bedürfnis in sich, ein edler Mensch sein zu wollen und dazu gehört für viele die edle Tat des Verzeihens. Nur so könnten wir uns frei machen und mit unserer Vergangenheit aussöhnen.

Ich hingegen habe eine ganz andere Erfahrung gemacht: Indem ich meiner Wut erlaubte sich zu entfalten und auszuleben, gab ich mir die Möglichkeit, den Anlass, dem er entsprang, immer wieder zu durchleben und nicht voreilig zu verdrängen. Und ich gestand mir auch ein, dass die Wut ein ziemlich gutes Gefühl ist. So akzeptierte ich sie, ließ ihr freien Lauf und es geschah mit ihr das, was mit allen großen Gefühlen im Laufe der Zeit geschieht: Sie verebbte, wurde stiller und manchmal fiel mir auf, dass sie sich gar nicht mehr rührte. So ließ ich meiner Wut ihren Lauf, fürchtete mich weder vor ihr, noch war ich stolz auf sie und so verflüchtigte sie sich ganz allmählich.

Vielleicht entstehen die meisten Probleme in uns erst, wenn wir unsere Gefühle kommen lassen, aber nicht wieder gehen lassen wollen. Das ist mit der Wut nicht anders. Wir wollen unsere Gefühle immer festhalten, unsere Freude, Liebe oder Wut. Doch das Leben fließt. Unsere Gefühle kommen und gehen. Und wenn wir festhalten, ist alles überlagert in uns, kein Raum mehr für neues Leben. So töten wir das Leben ab. Erst wenn wir unseren Gefühlen die Gelegenheit geben, uns wieder zu verlassen, setzen wir das Leben in sein Recht und ordnen uns einem höheren Plan unter.

Das, was meine Frau mit der Trennung getan hatte, hatte sie aus bestem Wissen, in Kenntnis aller Konsequenzen, auf Grund eigener Überlegung und Einsicht getan. Sie hatte für ihr Handeln die Verantwortung übernommen. Und heute weiß ich, dass es gut so war, denn mit ihrer Tat erst konnte ich wieder mein eigenes Leben zurückgewinnen. Was sollte ich ihr da verzeihen?

Und so ist mir auch bis heute der Gedanke nicht gekommen, meiner Frau für das, was sie getan hat, zu verzeihen. Es käme mir überheblich vor, dies zu tun, denn mir scheint, dass derjenige, der verzeiht, sich über denjenigen stellt, dem er verzeiht. Der Akt des Verzeihens setzt ein Oben und Unten voraus.

Natürlich hatte sie mir weh getan, mich in tiefste Verzweiflung gestürzt und mir großes Leid zugefügt. Aber was sollte ich ihr verzeihen? Ihr Handeln war die Konsequenz aus unserer jahrelangen, unbefriedigenden Beziehung, auch aus meinem eigenen Verhalten, da gab es nichts zu verzeihen. Vielleicht hätte ich aus eigener Kraft dieses unbefriedigende Leben gar nicht beenden können. Ihr Handeln war also ein Glück für mich. Nachdem meine Wut allmählich abgeebbt war, schien mir am ehesten ein Gefühl der Dankbarkeit ihr gegenüber angebracht. Sie war es doch, die mir mit ihrem entschiedenen Handeln ein neues Leben erst ermöglicht hatte. Jeder von uns hatte nun, was er wollte. Wie kann da von Verzeihen die Rede sein?

Was du gibst, kommt zu dir zurück!

Für jeden von uns, ob bewusst oder unbewusst, sind die eigenen Erfahrungen der Schlüssel zum Verständnis des großen Ganzen. Aus unseren Erfahrungen entwickeln wir unsere Anschauung von der Welt. Wir sagen dann: »So ist die Welt, so ist das Leben!« Jede Weltanschauung ist eine Art Einfühlung in den Lauf der weltlichen Dinge und bildet die Grundlage für unseren Gang durch das Geschehen.

> *»Jede entscheidende Erfahrung kann uns einen Schlüsselvergleich liefern, von dem ausgehend wir dann unsere Weltsicht konstruieren.«*
> *(Sam Keen)*

Die Erfahrung meiner Trennung war eine existenzielle. Sie hat mich vieles gelehrt und auf ihr musste ich meinen weiteren Gang durch das Weltgeschehen aufbauen. Sie wurde für mich zum Schlüssel für mein Weltverständnis.

- ***Es gibt keinen Zufall in deinem Leben.***

Ich hatte die Wahl: Entweder war meine Trennungsgeschichte eine einzige Ungerechtigkeit, die zufällig und ohne mein Zutun, gleichsam wie ein Blitz aus heiterem Himmel über mich hereinbrach, die ich fortan zu beklagen hätte und mir zukünftig jedes Glück unmöglich machen würde. Wenn dem so wäre, dann gäbe es nur Zufall, keine Eigenverantwortung, keine Schuld und keine kosmischen Gesetze.

Oder die Trennung und das ganze Leid, das ich vor allem durch den Entzug meiner Kinder erfahren hatte, waren kein Zufall, sondern die Konsequenz aus meinem früheren Verhalten, die ich allein zu verantworten hatte, aus der es nun die Lehren zu ziehen galt. Und wenn es so wäre, ging es jetzt nicht mehr um die Frage nach der Gerechtigkeit, sondern um die Einsicht in den Lauf der Dinge. Ich musste herausfinden, warum bei mir alles so gelaufen war. So einfach war das.

> *»Die radikale Wahl, vor der wir stehen, besteht zwischen der Vision eines abgeschlossenen materiellen Universums, in dem das Leben zufällig entstanden ist, sich durch Zufall entwickelte und zur Vernichtung verurteilt ist, und der Vision eines unendlich erfindungsreichen Kosmos, der sich hinsichtlich der Komplexität der Formen und Muster, der Hierarchie und Differenzierung fortwährend zu immer bewussteren und mitfühlenden Wesen hin entwickelt.«*
> *(Sam Keen)*

Ich schwankte immer wieder hin und her: Mal schrie ich innerlich auf, resignierte und wütete, weil ich mir vom großen Ganzen – Gott, Tao, Kosmos, egal wie man es auch nennen möchte – ungerecht behandelt vorkam. Denn natürlich hatte ich während unserer Partnerschaft viele Fehler begangen, aber auf keinen Fall mehr als meine Frau. Warum wurde dann nur ich bestraft?

Ein anderes Mal empfand ich mein Schicksal als ein unglaubliches Geschenk, aus dem ich nur das Beste zu machen brauchte. Ich hatte die Möglichkeit bekommen neu anzufangen.

Alles, was geschieht, hat eine Ursache und eine Wirkung.

Doch wenn ich wirklich neu anfangen wollte, dann hatte ich gar keine andere Wahl, als dass ich in dem, was geschehen war, einen Sinn suchte. Eine andere Sicht der Dinge konnte ich mir gar nicht leisten, wenn ich jetzt mein Leben neu starten wollte. Ich glaubte daran, dass nichts dem Zufall entspringt, dass alles eine Ursache und eine Wirkung hat. Wenn dem so war, dann konnte ich jetzt nach dieser Trennung auf keinen Fall so weitermachen wie zuvor, sondern musste die Trennung als Fanal für eine radikale Veränderung deuten.

Es durfte nicht sein, dass ich jetzt ohne Besinnung einfach so weitermachen konnte wie zuvor. Die Trennung, dieser Grösst-Anzunehmende-Unfall, war die Folge einer inneren Fehlhaltung. Und worin lag meine Fehlhaltung?

Ich vermute, dass meine größte Fehlhaltung darin lag, dass ich zu sehr das Gesetz der Materie verinnerlicht hatte. So war ich in all den Jahren stolz darauf, für meine Familie, meine drei Kinder finanziell sorgen zu können. Ich dachte immer daran, wie ich das notwendige Geld für den Unterhalt besorgen könnte und nahm, getrieben von existenzieller Not, jeden Job an, der mir genug Geld einbrachte. Mein Selbstbewusstsein in den Jahren meiner Ehe bezog ich zu einem Großteil aus dieser Leistung. Und meine Leistung, die Familie wirtschaftlich ausreichend zu versorgen, war mir stets das wichtigste gewesen und ich stellte sie für mich über alles andere. Es war mir unbegreiflich, warum das andere nicht so sahen.

Was ich viel zu gering erachtete war das Gesetz der Liebe. Nicht nur in Bezug auf meine Frau oder meine Kinder, sondern auch in Bezug auf mich. Ich liebte mich selbst zu wenig, sah mich selbst zu sehr als Geldverdienmaschine und zu wenig als liebenden Ehemann und Vater. Und darum wäre es gegangen. Dass ich das nicht erkannt hatte und nicht leben konnte, das war der tiefere Grund für mein Scheitern.

Und so kam das auf mich zurück, was ich selbst gab: Ein Mangel an verstehender Liebe. Und war es nicht vor allem das, was ich an meiner Frau jetzt am meisten kritisierte und verabscheute: Ihre Lieblosigkeit, ihr Unverständnis und ihre Rücksichtslosigkeit mir gegenüber. Wäre nicht vieles gerechter abgelaufen, hätten nicht die Kinder viel weniger gelitten, wenn wir uns wenigstens jetzt nach dem Gesetz der Liebe verhalten hätten? Stattdessen führten wir die alten Kämpfe weiter um Geld, Besitz und Macht.

So enthüllte sich mir durch mein Unglück ganz allmählich ein höherer Sinn. Das, was geschehen war, musste geschehen. Es war unvermeidlich. Wo die Lieblosigkeit regiert, wie das in unserer Beziehung der Fall war, musste es eines Tages zur Trennung kommen. Wer Lieblosigkeit sät, wird Lieblosigkeit ernten. Was konnte ich auch anderes erwarten? Nur das, was ich bereit war zu geben, konnte ich erwarten.

Doch es war nicht so, dass ich das, was ich durch die Kraft meines Intellekts herausfand, jetzt bereute. Dazu hatte die Zeit ihr Werk bereits getan. Sie hatte geteilt und schon ein bisschen geheilt. Meine Trennung lag bereits über drei Jahre zurück.

Ich war so! Ich hätte nicht anders sein können. Und galt nicht dasselbe für meine Frau? Auch sie war so gewesen wie sie war und der Gedanke daran, dass sie hätte anders sein können, erschien mir unbrauchbar. Es gab nichts zu bereuen. Das, was geschehen war, war geschehen und nun für immer vergangen. Das schmerzte und zugleich war es für mich in einem höheren Sinne gut.

Werde dir vollkommen klar darüber, was du nicht mehr willst!

Dadurch, dass ich auf dem besten Wege war, die Trennung zu verarbeiten, bekam mein Neuanfang eine feste Basis: Ich wusste jetzt, was ich nicht mehr wollte. Ich wollte nie wieder eine berufliche Stellung nur deshalb ausüben, weil sie mir genug Geld einbrachte.

Meine Trennung führte mir das Gesetz der Liebe klar vor Augen. Ich hatte es lange Jahre missachtet. Das musste sich jetzt ändern, was zunächst hieß, dass ich mehr Liebe für mich empfinden, achtsamer mit mir und meinen Wünschen umgehen müsste, dass ich mit meinem Leben liebevoller umgehen sollte. Ich durfte meine Träume und Vorstellungen von meinem Leben nicht länger verschämt verstecken und sie als gering erachten, denn davon hatte niemand etwas. Ich durfte mich selbst nicht länger gering erachten.

Wenn ich jetzt die Kraft fand, mich mir selber zuzuwenden, mich selbst mehr zu lieben, dann hätte ich den Schlüssel für meinen Neuanfang in Händen.

Spring doch!

»Die große Frage ist,
ob du fähig sein wirst,
laut und herzlich ja
zu deinem Abenteuer zu sagen.«
(Joseph Campbell)

Verbündete des Neuanfangs

Auch wenn ich zu jener Zeit viel allein war und mir zunächst selbst über mein neues Leben Klarheit verschaffen wollte, hatte ich den Kontakt zu anderen Menschen nicht gänzlich abgebrochen und ihn auch immer wieder gesucht.

Es gab ein paar wenige, die mich in meiner Situation begleiteten, wenn auch aus großer Distanz. Und diese Wenigen waren mir wichtig.

Viele Bekannte hatte ich durch die Trennung von meinem früheren Lebensumfeld verloren. Manche Beziehungen wandelten sich. Menschen, zu denen ich glaubte, ein gutes Verhältnis zu haben, stellten sich als wenig zuverlässig heraus. Für viele wurde der Umgang mit mir schwierig. Sie distanzierten sich, manche bewusst, weil sie glaubten, mich verurteilen zu müssen, andere unbewusst, weil sie ganz einfach nicht wussten, wie sie mit mir umgehen sollten.

Ich begriff, dass ich mich, indem ich mich aus meinem gewohnten Umfeld absonderte und die Einsamkeit suchte, vielen Angst machte. So mieden mich auch manche von denen, die zuvor gern meine Gegenwart gesucht hatten.

Suche Menschen, die deinen Neuanfang unterstützen!

Ich lernte sehr schnell zwischen jenen Menschen zu unterscheiden, die jetzt wichtig für mich waren und jenen, über die die Zeit hinwegging. Es blieben nicht viele übrig, die mich in meiner Lage verstanden, die nicht urteilten.

Natürlich musste ich meinen Weg alleine gehen, aber das ein oder andere Gespräch mit einem Menschen, der jetzt ganz entschieden an meiner Seite stand, tat gut und gab mir ein Gefühl der Sicherheit und das Empfinden, unterstützt zu werden. Und es waren nicht immer nur die Worte, die gut taten, es war oft nur das Zuhören, die Präsenz einer Freundin oder eines Freundes, einer vertrauten Person.

Eine solche Person war es dann auch, die für mich eine bedeutungsvolle Rolle einnahm. Sie war eine langjährige Bekannte, die ich ursprünglich in geschäftlichen Zusammenhängen kennen gelernt hatte. Nach und nach begannen wir auch über Privates zu reden und schließlich wurde sie für mich zu einer Art Lebensratgeberin.

Manche Hilfe kommt von außen.

Inzwischen waren mehr als zwei Jahre seit meiner Trennung vergangen, ich lebte allein in meinem Haus, arbeitete noch immer in jenem Verlag, bei dem ich bereits sieben Jahre arbeitete und obwohl ich mich abseits von allem und außerhalb dessen erlebte, was man das wirkliche Leben nennt, schien alles in mir vorbereitet zu sein für den Sprung in ein neues Leben, für den Sprung nach vorn, mitten ins Leben. Allein, mir fehlte noch der Mut.

Von alledem wusste meine Bekannte. Ich hatte ihr viel über mich erzählt und dass ich mich im Moment fühle wie ein kleines Kind, das mutig die Leiter zum Sprungturm emporsteigt, sich freut, dass es oben angelangt ist, mutig zum Absprungpunkt schreitet und vorne plötzlich von einem großen Zittern erfasst wird, ob der Höhe, auf der es sich befindet. Und nun steht es da, ganz allein mit seiner Höhenangst, kann nicht mehr zurück, ohne sein Gesicht zu verlieren und kann nicht mehr vor, weil ihm der letzte Mut zur Tat, zum Absprung fehlt.

»Spring doch!«

Wenn das so einfach wäre.

Jeder, der wollte, konnte meine Angst vor dem Absprung mit Händen greifen. Und allein durch intellektuelle Kraft konnte ich die Blockade nicht auflösen. Da hatte ich längst alles versucht. Ich konnte mir meine Angst nicht einfach wegdenken. Sie wurde dadurch nur umso größer.

Heute früh war ich zwei Stunden allein wandern.
Ich entdeckte eine wundervolle Landschaft.
Und doch:
Jetzt am Abend und schon den ganzen Tag über,
spüre ich diese nackte Angst vor meinen Plänen,
vor meiner Zukunft.

Wie sollte ich meine Angst nur überwinden? Die Lösung bahnte jene Bekannte an. Sie klingt banal und unglaublich. Es war schließlich ein Vertrauen, ein Vorgang jenseits meiner Vernunft, auf den ich mich einließ. Die Bekannte hörte mir immer wieder intensiv zu und eines Tages schlug sie mir als Medizin eine ganz bestimmte Mischung aus Bach-Blüten-

Essenzen vor. Sie habe sich Gedanken über meinen Zustand gemacht und ich solle mir in der nächsten Apotheke diese Mischung zusammenstellen lassen und jeden Tag nach dem Frühstück und vor dem Schlafengehen zehn Tropfen davon einnehmen. So werde ich dann meine Angst vor dem Neuen verlieren.

Obwohl ich über die erstaunliche Wirkweise von Edward Bachs sensiblen Blüten bereits viel gelesen und wahre Wunderdinge gehört hatte, blieb mein eigenes Verhältnis zu jenen Wundertröpfchen bislang indifferent. Trotz aller Zweifel nahm ich den gut gemeinten Rat meiner Bekannten an. Jedoch nicht ohne die intellektuelle Rechtfertigung meinerseits, dass mir die Tröpfchen, wenn schon nicht helfen, so auch auf keinen Fall schaden könnten. Und so nahm ich in den nächsten Wochen regelmäßig meine Tropfen ein und vergaß sie auch wirklich keinen Morgen und keinen Abend.

In den darauf folgenden Tagen geschah nichts, was irgendwie auf die Tröpfchendosis zurückzuführen wäre. Auch bei bestem Willen nicht. Das hatte ich nicht anders erwartet. Aber auch die weiteren Wochen veränderten mein Wesen nicht, machten mich in keiner Hinsicht mutiger oder angstfreier. Ich fing nun an, mit gutem Recht an Edward Bach zu zweifeln, an allem, was da so geschrieben und erzählt wurde. Die Angst vor dem großen Sprung in die Selbständigkeit blieb.

Erwarte das Unerwartete!

Zu jener Zeit leitete ich Fortbildungsveranstaltungen für Buchhändlerinnen und Buchhändler. Und bei dem Seminar, das ich diesmal abhielt, fiel mir eine weibliche Person auf, für die mein Herz plötzlich zu schlagen anfing. Kurz: Ich verliebte mich in diese Frau.

Als ich meiner Bekannten davon erzählte, ahnte ich bereits, was diese neue Liebe für mich zu bedeuten hatte. Die Tröpfchen hatten gewirkt, wenn auch nicht in der von mir erwarteten Weise. Scheinbar wirkten sie, wie sie wollten. Es seien zwar keine Liebestropfen, aber, so meine Bekannte, ich müsse wohl zuerst eine große Liebe erfahren, bevor ich die Angst vor dem beruflichen Neuanfang verlieren könne.

Es war ein wundervolles Erlebnis, auf einmal wieder lieben zu können. Ich hatte eine Frau gefunden, mit der ich mich verstand, die mich anzog, die ich begehrte und bei der es keine Frage gab, ob das richtig sei oder nicht. Ich war verliebt. Ich lebte auf. Ich flog in den siebten Himmel. Ich fühlte mich neu. Ich erlebte mich als Menschen, der lieben kann und der geliebt wird, ohne Umschweife. Sie wurde meine Verbündete für den Neuanfang.

Das Neue will geplant sein

Aus heiterem Himmel wurde mir eine Verbündete für den Neuanfang geschenkt. Oder vielleicht war es so: Ein wohlgesonnener Himmel schickte mir eine Verbündete.

Sie war ein Mensch mit unglaublich schönen blauen Augen, einem sicheren Instinkt und einem großen Glauben in meine ureigenen Kräfte. Wenn ich auch an manchen Tagen an mir und meinem ganzen Vorhaben zweifelte und verzweifelte und mich die Angst überfiel, ich könne es nicht schaffen, so war sie es, die mir wieder klarmachte, dass ich alles in mir hatte – den Mut, die Kraft und die Fähigkeiten – um mir meinen Traum vom Leben auch zu verwirklichen. Sie setzte mein Herz ins Recht und bestärkte mich immer wieder darin, dass ich auf dem richtigen Weg sei. Sie glaubte an mich, denn es reichte noch immer nicht aus, dass ich allein an mich und meine Stärke glaubte. Durch sie erst wurde mir meine eigene Kraft bewusst.

Ich konnte es kaum fassen, dass ich nach all den Wochen und Monaten, die mich durch die Einsamkeit, durch die Wüste geführt hatten, nun eine Verbündete an meiner Seite hatte.

Ich war nicht mehr schwierig, anstrengend, aufbrausend, ungeduldig und alles das, was die vergangen Jahrzehnte aus mir gemacht hatten. Ich konnte auf einmal lieben und ich wurde geliebt. Ich hatte einen Menschen gefunden, der meinen Weg akzeptierte und ihn mit mir ging. Das war der Neubeginn im Privaten. Eine große Ruhe und Entspannung kam über mich. Ein Glück!

> ***Alles hat seinen Preis.***
> ***Werde dir darüber klar,***
> ***und sei bereit, ihn zu zahlen.***

Wir planten von nun an gemeinsam, wie ich in den nächsten Monaten meinen Schritt in die Selbstständigkeit verwirklichen konnte, denn im Kopf war mir längst schon alles klar: Ich hatte meine finanziellen Verhältnisse geordnet und mein geschäftliches Risiko ausgerechnet. Ich plante eine Zeitschrift herauszugeben, schrieb mir alle in Frage kommenden Anzeigenkunden auf und rechnete das voraussichtliche

Ergebnis hoch. Ich stellte die Kosten zusammen, die mein Projekt verursachen würde und setzte die Erlöse dagegen. Ich plante im Voraus für den Zeitraum von zwei, drei Jahren. Wenn alles so laufen sollte, wie ich mir das vorstellte, konnte nicht all zu viel schief gehen und innerhalb kürzester Zeit würde ich davon einigermaßen leben können.

Das Risiko schien mir kalkulierbar. Denn das war eine Bedingung für meinen Start in die Selbstständigkeit: Dass sich alles sehr schnell rechnen musste, weil ich hohe finanzielle Verpflichtungen vor allem meinen Kindern gegenüber hatte. Denen musste ich nachkommen, denn sie sollten auf keinen Fall materiell darunter leiden, dass ich nun einen neuen Weg einschlug.

Und was kostete mich mein neuer Lebensplan?

Der Preis meiner Selbstständigkeit lag darin, in nächster Zukunft mehr Arbeit, weniger Geld, kaum Freizeit und ein bislang nicht gekanntes finanzielles Risiko zu haben. Und schnell wurde mir klar, dass ich mein Haus wieder verkaufen musste, um das nötige Anfangskapital für mein Vorhaben aufbringen zu können. Ich würde mich einschränken müssen, eine kleine Mietwohnung in der Stadt nehmen und jeden Monat mit jedem Groschen rechnen müssen.

Aber das alles war mir mein Traum wert.

Noch immer waren meine Pläne graue Theorie. Aber indem ich mir meine Selbstständigkeit im Detail und mit allen Konsequenzen vor Augen führte, die Risiken genau anschaute und einschätzte, erlangte mein Vorhaben eine immer größere Realität und schien mir tatsächlich machbar. Meine Sicherheit wuchs und ich wusste, dass, wenn ich jetzt springen würde, ich auf halbwegs sicherem Boden landen könnte.

Auch wenn alles scheitern sollte.
Du wirst es nicht bereuen!

Und was wäre, wenn mein Vorhaben scheitern sollte?

Natürlich konnte das passieren und es wäre absurd, daran nicht zu denken.

Aber was sollte ich bereuen, wenn dem so wäre? Sollte ich bereuen, den Schritt in die Selbstständigkeit gewagt zu haben?

Ich war fest davon überzeugt, dass ich – egal ob alles gut gehen würde oder nicht – diesen Schritt niemals bereuen würde. Immer hatte ich davon geträumt, so zu leben: frei, unabhängig und selbstständig, getragen allein von meiner Kreativität.

Auch wenn mir mein neues Leben nicht den Himmel auf Erden versprach, so konnte es nicht schlechter werden, als das Leben, das ich nun schon zur Genüge kannte. Ich war mir auch sicher, dass ich für den Rest meines Lebens unglücklich sein würde, wenn ich freiwillig dazu bereit wäre, weniger zu sein als das, wozu ich glaubte fähig zu sein.

Ich dachte konsequent nach vorn und je mehr ich das tat, umso mehr verschwand die Angst davor, mein Leben selbst in die Hand zu nehmen.

Wann, wenn nicht jetzt?

Es gab für mich keine Zweifel mehr, dass nun die Zeit gekommen war, aus freien Stücken mein berufliches Leben zu verändern. Ich hatte alle meine Zweifel durchlebt, mit ihnen gerungen, mit ihnen gehadert, sie verdrängt und doch beherrschten sie mich in den vergangenen Jahren. Nun hatte ich sie eingesperrt, wollte nichts mehr von ihnen wissen, zumindest für diesen kurzen Moment der Entscheidung.

Ich war 42 und hatte bislang ein Leben geführt, das man gemeinhin als erfolgreich bezeichnet. Für Außenstehende hatte ich Erfolg im Privaten, drei wunderbare Töchter, sie mit Liebe und Fürsorge mit großgezogen, hatte ein Haus, in dem für uns alle Platz war und die drei Töchter waren gesund, wohlerzogen und auf ihre Weise erfolgreich ins Leben gewachsen. Ich hatte immer das, was man beruflichen Erfolg nennt, finanziell ging es mir und meiner Familie zu allen Zeiten ordentlich. Dafür hatte ich den Preis gezahlt, dass ich nach den Erwartungen anderer lebte, bislang viel zu wenig von der Welt kannte, schon als junger Mensch in der Verantwortung stand und – das war das entscheidende – in all den Jahren innerlich leer und unglücklich blieb. Und es waren lange Jahre.

Wann, wenn nicht jetzt, wo, wenn nicht hier, sollte ich mein Leben in die Hand nehmen? Denn sehr viel Zeit blieb mir nicht mehr. Mehr als mein halbes Leben lag vielleicht schon hinter mir. Also, worauf sollte ich warten? Der Zeitpunkt schien mir ideal: Ich hatte eine Menge Erfahrungen angehäuft – private wie berufliche – und es war auch noch eine Menge Energie in mir, Energie, die jetzt für das richtige Ziel eingesetzt werden wollte.

Seit über zwei Jahren lebte ich in meinem Haus draußen auf dem Lande, hatte alles durchgestanden, die Trauer und die Wut, die Einsamkeit und die Leere. Nun hatte ich eine liebevolle Verbündete für meinen Neuanfang und ich war der

Meinung, dass ich alles durchdacht hatte, was es zu denken gab, dass ich alles geplant hatte, was es zu planen gab und dass jetzt genau der richtige Zeitpunkt gekommen war, meinen Lebensplan beherzt anzugehen und die dafür notwendige Veränderung herbeizuführen.

> ***Jetzt, da der Zeitpunkt gekommen ist, handle entschieden und konsequent!***

So kam alles sehr schnell. Ende März kündigte ich meinen Arbeitsplatz, gab ihn im Juni auf, verabschiedete mich und mietete bereits im Juli ein eigenes Büro an. Der Übergang vom alten ins neue berufliche Leben vollzog sich fließend. Ich war voller Ideen und Kraft und legte keine Pause ein.

Ich startete mein neues Leben und alles, was ich mir für diese erste Zeit meiner Selbstständigkeit vorgenommen hatte, gelang mir. Es war Anfängerglück. Lohn für den beherzten Schritt, wie ich später merken sollte.

Die Kraft der Tat

Ich erinnerte mich zurück: Welchen Weg hatte ich in den Jahren seit meiner Trennung hinter mich gelegt? Warum war es so schwer für mich, meinem Traum vom Leben zu folgen? Gilt das für jeden? Wäre es nicht auch ohne die ganze Mühe, das Leid und die Einsamkeit gegangen? Hätte ich das alles nicht einfacher haben können?

Mit meiner Kündigung schloss sich für mich ein Kreis: Die Frau, die unsere Trennung herbeigeführt hatte, war auch die Mutter meiner Kinder, für die ich in all den Jahren bestimmte Tätigkeiten und Berufe nur deshalb ausgeübt hatte, weil sie genügend Geld einbrachten. Nun hatte ich dieser Frau meinen Rückweg zu mir selbst auch wieder zu verdanken. Sie war es, die mich von meinem ursprünglichen Lebensplan abgebracht hatte und mich mit ihrer Tat wieder in ihn einsetzte. So gewann ich mein Leben zurück. Jetzt übernahm ich für mein Handeln wieder selbst die Verantwortung.

Ich hatte nun den alles verändernden Schritt vollzogen und auch beruflich das hinter mir gelassen, was eine Zeit lang vielleicht wichtig und notwendig gewesen war, was sich aber jetzt überlebt hatte und nicht mehr zu mir gehörte. Ich sprang und fühlte mit allem, was ich hatte, dass es ein Sprung mitten ins Leben, mitten in mein Herz war. Und ich war bereits angekommen, im Leben und im Herzen. Das Leben trug mich und ich war stolz über meinen Mut und erlebte eine unbändige Stärke und große Lust auf das Neue. Ich spürte meine Kreativität und Energie, die ich in den letzten Jahren verschüttet glaubte, sie wurde mit einem Mal frei und ließ mich alle Arbeiten, die jetzt auf mich zukamen, kraftvoll angehen.

Die Tat ist Anfang und Ende.

Meine Tat führte mich zum Anfang und Ende und mitten hinein in die Energie der Schöpfung. Allein durch meine Tat hatte ich meinem bisherigen Leben ein Ende gesetzt. Durch reines Tun hatte ich das Tor der Welt durchschritten, den Sprung durch den Ursprung geschafft, bin durch die Leere zur Form geschritten und habe die Fülle des Lebens durch mein bewusstes Handeln erfahren. Es gab keine Schul- und Buchweisheiten mehr, kein Bedenken, kein Abwägen, Verhandeln, Reflektieren oder Diskutieren.

Ich handelte, entschieden und entschlossen. Diese Tat bezeichnete das Ende eines Weges und mit ihr verabschiedete ich mich endgültig von allen alten Taten, setzte das Neue ins Werk, in dem ich von nun an neue Taten vollbringen konnte. Meine Tat machte mich endgültig zum Schöpfer meines Lebensplans. Sie war Ausdruck des Schöpfungsprinzips. Ich wurde zu dem, was ich immer war: Der Schöpfer meines ureigenen Lebensplans.

Du musst es tun! Niemand sonst!

Mit meiner Tat ging ich unumkehrbar das Wagnis ein, meinen selbstgewählten, neuen Weg in voller Verantwortung zu gehen. Ich war nun kein »Hasenfuß« mehr, der davor zurückschreckt, seinen Lebenstraum aktiv zu gestalten. Es gab keine Ablenkungsmanöver mehr von meinem wirklichen Leben. Mit meiner Tat hatte mich das Leben zurück.

Die kleine Tat der Kündigung war zugleich die große Tat meines Neubeginns. Und, wie ich bald erfahren sollte, verlangte die neue beruflichen Selbstständigkeit die gerade gelernten Eigenschaften in ganz besonderer Weise: eine stete Konzentration auf den Augenblick, die Disziplin des Durchhaltens, in jedem Moment die Flexibilität und Spontaneität des Augenblicks und, immer wieder aufs Neue, die entschiedene Kraft der Tat.

Mein altes Leben lag nun komplett hinter mir: Meine Ehe war längst geschieden, die Auseinandersetzungen mit meiner früheren Frau waren verebbt. Die Kinder kamen regelmäßig auf Besuch, ich war Wochenendvater. Ich hatte eine wunderbare Freundin und zog in eine kleine Stadtwohnung, die erste Wohnung, die ich nur für mich allein aussuchte.

Beruflich war ich nun selbstständig und gab im Herbst die erste Ausgabe meiner Zeitschrift heraus. Ich hatte schnell zwei Angestellte und die Geschäfte liefen erstaunlich gut an. Wie gesagt: Das Anfängerglück trug mich und meine Erwartungen wurden mehr als übertroffen. Es war vollbracht. Mein neues Leben konnte beginnen. Ich hatte einen ersten, entscheidenden Schritt vollzogen.

Jetzt ging es darum, jeden Tag aufs Neue, mein Leben neu zu gestalten.

Dein ganz neues Leben

»Und jedem Anfang
wohnt ein Zauber inne,
der uns beschützt
und der uns hilft zu leben.«
(Hermann Hesse)

Du bist, wie du immer sein wolltest

Und so bin ich mit meiner Geschichte im Heute angekommen. Rückblickend liest sie sich, wie ein lineares Geschehen, eine strikte Abfolge bestimmter Stufen. In Wirklichkeit war sie das nicht. Es gab unendlich viele Rückschläge und eine große Ungeduld in mir und doch liegt diese Vergangenheit jetzt hinter mir und, so hoffe ich, alles das, was mich bisher an meinem Leben gehindert hat.

Ich habe meine Ungeduld, Bequemlichkeit und Angst besiegt, zumindest für dieses Mal. Ich bin kein neuer Mensch geworden, aber ich habe zurückgefunden zu dem, was ich immer sein wollte.

So habe ich meinen Absprung geschafft und bin angekommen in der unmittelbaren Realität eines neuen Lebens mit all seinen Risiken, Härten und allen Freuden, die es zu bieten hat. Ich bin angekommen in meinem Traum vom Leben, in dem es keine Ausflüchte mehr gibt, kein Verstecken, keinen Schutz und keine Schuldigen bei Misserfolgen. Es gibt niemanden mehr, auf den ich Verantwortung abwälzen könnte. Ich allein bin es, der jeden Schritt selbst tut und verantwortet. Ich habe meinen Platz gefunden.

Doch es gibt kein endgültiges Ankommen mehr. Jedes Ankommen ist eine neue Durchgangsstation.

Ich habe gelernt, dass ich mich den Herausforderungen des Lebens täglich neu stellen muss, weil sich die Welt, meine Beziehungen zu anderen Menschen und mir selbst, jeden Tag verändern und ich mit ihnen Schritt halten muss.

Es gibt keinen Endzustand im Leben. Alles um mich herum fließt, ist in ständiger Bewegung und ich bin ein Teil davon. So muss ich mich jeden Tag wieder neu bewegen, voranschreiten, neu anfangen, denn nichts bleibt so wie es ist.

Ich fülle keine Funktion mehr aus, in die mich andere einsetzen, sondern stehe selbst, mit meiner ganzen Person in der Verantwortung. Wenn mir eines in den letzten Jahren klar geworden ist, so dies:

Das Leben will, dass ich ständig an mir arbeite, mich bewege, verändere und dabei wachse. Das Leben will, dass ich es liebevoll und fest in die Hand nehme. Es reagiert mit Rückzug, wenn ich glaube, dass ich, so wie ich in einem bestimmten Augenblick bin, perfekt wäre. Es will, dass ich mich ständig hinterfrage, die Zeichen erkenne, auf meine innere Stimme höre und nach ihr lebe.

Und wenn ich das, was ich jetzt, genau in diesem Augenblick, von ganzem Herzen, mit Liebe und Hingabe tue, so brauche ich keine Angst davor zu haben, meine Kraft könne nicht ausreichen oder ich könnte versagen, weil mir, versunken in meine Aufgabe, die dafür notwendige Energie immer wieder neu geschenkt wird. Immer, wenn ich eine Aufgabe als die meine ansehe und annehme, fließt mir neue Energie zu.

Das Leben braucht dich und deine Ideen.

Mein Traum, von meiner Art zu leben, hat sich für mich erfüllt. Doch mit dem Erreichen eines Zieles, tun sich zugleich neue Ziele auf. Ich kann nichts festhalten. So habe ich heute, da ich beruflich selbstständig bin, eine Zeitschrift und Bücher herausgebe, schon wieder neue Ziele. Auch im Traumland gibt es immer wieder neue Träume.

Und auf der Basis meiner Selbstständigkeit sieht die Welt auch umso vieles anders aus als zuvor. Ich weiß, dass ich jetzt niemand mehr zu fragen brauche, ob ich diese oder jene Idee auch umsetzen darf oder kann. Ich kann. Ich kann immer wieder aufs Neue Neues in die Welt setzen, mir neue Pläne ausdenken und sie durch eine einzige Tat realisieren.

Ich kann dem Leben alle meine Ideen geben, die es will und die es vielleicht auch braucht. Diese Freiheit muss ich mir nur nehmen.

Ich bin heute da, wo ich immer sein wollte. Im Land der Eigenverantwortlichen, Selbstständigen und Freien. Das ist nicht immer angenehm, sondern oft sehr anstrengend. Ich kann dieses tun, ich kann jenes lassen. Ich kann den Erfahrungsschatz von vielen Jahren, im privaten und beruflichen, jeden Tag neu heben und anwenden. Es gibt nichts, was ich mir nicht selbst vorgebe oder zur Aufgabe mache. Es gibt keine Fremdbilder, von denen ich mich bestimmen lasse. Ich kann jeden Tag so gestalten wie ich das mag. Ich kann mir meine Ziele jeden Tag neu setzen.

Ich lebe so, wie ich immer leben wollte.

Das Alleinsein genießen!

Jeder Neuanfang erwächst aus der Besinnung auf sich selbst. Erst wenn wir mit uns allein sind, wenn wir uns von der Außenwelt mit ihren Forderungen und Bedürfnissen zurückziehen, haben wir die Möglichkeit tief in uns selbst hinein zu horchen, uns selbst kennen zu lernen und unsere wahre Bestimmung zu erfahren. Ohne die Fähigkeit zum Alleinsein kann es keinen wirklichen Neuanfang geben. Nur aus der unmittelbaren Begegnung mit uns selbst können wir uns Fremderwartungen bewusst machen und uns davon befreien. Nur im Alleinsein können wir unserem Leben eigene Ziele setzen. Das Alleinsein ist der äußere Rahmen für unsere Selbstverantwortung. Die Kunst des Neuanfangs und die des Alleinseins sind zwei Seiten einer Medaille.

- *Nimm dir regelmäßig Zeit für dich.*

Mein Alleinsein ist eine Kraftquelle, ohne die mein Leben austrocknen würde. Alleinsein heißt für mich: mir ganz bewusst Zeit für mich zu nehmen und mich ausschließlich um meine eigenen Bedürfnisse zu kümmern. Alleinsein heißt, dass ich mir Zeit dafür nehme, mich nicht um andere zu kümmern, sondern nur um mich. Alleinsein heißt auch egoistisch sein. Im Alleinsein wende ich mich mir ganz zu.

Mein Bedürfnis, Zeiten für mich allein zu beanspruchen und diese Zeiten auch zu genießen, ist äußerst ausgeprägt. Um zu mir selbst zu kommen, mich selbst zu spüren, mich an meinen eigenen Maßstäben vom Leben zu orientieren und immer wieder neue Energie aufzunehmen, brauche ich Zeiten der ganz bewussten Abkapselung von der Außenwelt.

Ich kann mir ein Leben ohne Zeiten des Alleinseins nicht vorstellen.

Selbstverständlich bin ich auch gerne mit anderen Menschen zusammen. Schon aus beruflichen Gründen habe ich es mit einer großen Anzahl von Kontakten zu tun, so dass meine Kommunikations- und Beziehungsfähigkeit stets gefordert ist. Aber ich merke, dass ich oft derjenige bin, der anderen von seiner Kraft abgibt. Ich muss immer wieder andere Menschen motivieren und irgendwann sind auch meine Akkus leer. Dann ist es höchste Zeit für mich, mir mindestens einen Abend oder ein ganzes Wochenende mit mir allein zu gönnen. Alleinsein kann für mich ein Fest sein.

Für viele jedoch ist das Alleinsein nicht mehr als eine unangenehme Vorstellung. Solche Menschen haben Angst davor, sich auf sich selbst zurückzuziehen. Sie fürchten sich vor der Stille und davor, dass sie es mit dem Menschen, dem sie dann begegnen, nicht aushalten. So sehen sie sich gezwungen, sich jeden Tag mit anderen Menschen zu treffen und diese mit ihren Geschichten und Problemen zu belästigen. Oft sind solche Menschen süchtig nach Beziehungen und letztlich nicht fähig, für ihr eigenes Leben die Verantwortung zu übernehmen.

Selbstverständlich ist die Angst vor dem Alleinsein auch nicht unbegründet. Wenn das Alleinsein nicht ganz bewusst geplant wird, bestätigen sich die Ängste: Wir stürzen ab, verfallen in Grübeleien und werden unzufrieden. Deshalb ist es wichtig, Zeiten des Alleinseins mit solchen Dingen zu gestalten, die uns gut tun. Erst dann erfahren wir das Glück das sich aus dem Alleinsein ergeben kann. Im Alleinsein übernehmen wir erst die volle Verantwortung für unser Leben und für die Befriedigung unserer eigenen Bedürfnisse.

Ich plane Zeiten mit mir regelmäßig ein. Es kann durchaus vorkommen, dass ich das Angebot einer guten Freundin oder eines guten Freundes, am Abend zusammen auszugehen mit der Begründung ausschlage, dass ich heute allein sein will. Es ist von großer Bedeutung, nicht nur für mein Wohlgefühl, sondern auch für meine Gesundheit, dass ich merke, wann es Zeit ist für das Alleinsein. Zumeist tauche ich aus diesen Zeiten wieder regeneriert und gestärkt auf und werde für meine Umwelt erträglicher.

Selbstverständlich ist es für mich wichtig, andere Meinungen zu hören und mich mit anderen über meine Probleme auszutauschen. Das kann sehr bereichernd sein und wenn es gute Gespräche sind, fühle ich mich hinterher auch wohler. Aber den Großteil meiner Entscheidungen treffe ich während der Zeiten meines Alleinseins, in denen ich am besten in mich hinein hören kann. Ich habe die Erfahrung gemacht, dass Entscheidungen, die aus der Stille mit mir selbst kommen, für mich zugleich die tragfähigsten sind.

Nur im Alleinsein können wir lernen, uns selbst zu ertragen. Das ist es, was viele fürchten, dass sie sich selbst nicht ertragen könnten, weil sie sich mit sich selbst langweilen oder weil sie nicht wissen, wie sie mit sich allein zur Ruhe kommen sollen. Im Alleinsein können wir lernen, uns selbst und unsere Bedürfnisse zu lieben. Und erst diese Fähigkeit ist die Grundlage dafür, andere zu lieben.

Aber was fange ich mit mir an, wenn ich allein bin?

Es ist es hilfreich, dass du dir eine Liste solcher Tätigkeiten zusammenstellst, die du nur mit dir selbst genießen kannst. Und derer gibt es erstaunlich viele.

Meine Favoriten:

❂ Ein gutes Buch lesen

Bedenklich stimmen mich jene Zeiten, in denen ich nicht mehr lesen möchte. Das ist ein sicheres Zeichen dafür, dass ich zu viel um mich selbst kreise und andere Lebenswelten nicht mehr aufnehmen kann. In einem guten Buch begegnen mir aber immer die Erfahrungswelten anderer Menschen und die können ein Elixier für mein eigenes Leben sein. Eine durchwachte Nacht mit dem richtigen Buch, ringsumher nur Stille, ist ein beglückendes Erlebnis.

❂ Tagebuch schreiben

Ich habe mir seit vielen Jahren angewöhnt, ein Tagebuch zu führen. Nicht jeden Tag, manchmal fehlt mir ein ganzer Monat, aber ich finde immer wieder zu ihm zurück. Es entspannt, konzentriert und macht ruhig, wenn ich meine Erlebnisse und Gefühle aufschreiben kann. Und es ist ein Nachschlagewerk für das eigene Leben, ein Reiseführer durch die Jahre und die wechselhafte Welt meiner Gefühle. Kaum etwas, das ich spannender finde, als wenn ich nachlesen kann, wie ich mich zu einem bestimmten Zeitpunkt meines Lebens gefühlt habe. Über mein Tagebuch kann ich mich selbst beobachten und werde aufmerksamer für meine Gefühle. Es sagt alles über mich und selbstverständlich darf niemand darin lesen.

❂ Nichts tun

Eine Tätigkeit, die viel Übung braucht, aber dann umso mehr Spaß macht. Einfach nur dasitzen, in die Welt schauen und nichts in Gedanken ernst nehmen. Die Gedanken nicht festhalten, sie nur zur Kenntnis nehmen und wieder fortschicken. Eine echte Erholung. Nur – es klappt nicht immer. Man sollte es aber üben.

❂ Einen Brief schreiben

Wer schreibt im Zeitalter von E-Mail und Internet noch Briefe? Ich gebe zu: eine altmodische Tätigkeit. Doch jeder freut sich, wenn er einen bekommt. Wenn ich jemandem eine Freude machen möchte und ihm vielleicht etwas nicht ganz Einfaches mitteilen möchte, dann ist der Brief das richtige Medium. Aber auch für einfache Mitteilungen.

❂ Ein Bild malen

Ich habe immer Aquarellfarben oder Buntstifte und einen Zeichenblock in der Nähe. Es gibt wenig, das mich mehr zu mir selber führt, als das eigenhändige Malen eines Bildes. Hier bin ich ganz Schöpfer und kann Bilder, die ich im Kopf habe für mich gestalten. Ich habe keine besondere Technik, aber der Vorgang des Malens ist ein Weg zu Ruhe und Entspannung. Weniger schwierig, aber dieselbe Wirkung hat das Ausmalen von vorgedruckten Mandalas. Ein sicherer Weg zur eigenen Mitte.

❂ Meine Lieblingsmusik hören

Sehr ähnlich dem Nichts tun. Was kann es Schöneres geben, als sich ganz bewusst eine alte CD aus dem Regal zu nehmen und diese in voller Lautstärke zu genießen? Also einlegen, Starttaste und abheben! Das geht wirklich nur allein. Kann selbstverständlich auch kombiniert werden mit …

❂ Ein Bad nehmen

Es gibt Tage, da hilft wirklich nur ein Bad. Mit dem richtigen Duft ist das Erholung pur. Finde deinen Lieblingsduft heraus, mit dem du am besten entspannen kannst. Einfach genießen, aber nicht einschlafen.

❂ Tee trinken und abwarten

Mein Lieblingstee ist Pfefferminze. Eine heiße Kanne Pfefferminztee tut mir gut und ist, während der Zeiten, in denen ich allein bin, ein Ritual. Besonders in der kalten Jahreszeit gehört mein Teeritual zum Alleinsein. Nur sitzen und Tee trinken, ganz bewusst, wärmt den Körper und beruhigt die Seele.

❂ Mir Ziele für die nächste Zeit setzen

Welche Dinge müssen entschieden werden? Wo läuft etwas schief in meinem Leben? Was möchte ich verändern? Entscheidungen können am besten im Alleinsein abgewogen und dann getroffen werden. Nur im Alleinsein können wir unserem Leben wieder eine neue Orientierung oder unserem Leben die richtige Richtung geben.

❂ Meditieren

Um mich auf die Stille und die Zeit mit mir einzustimmen, habe ich eine Standardmeditation, die mich ruhig macht, entspannt und zentriert:

> *Atme tief und langsam, und richte deine Aufmerksamkeit auf die kurze Pause, die zwischen dem Ein- und dem Ausatmen liegt. Falls dich irgendwelche Gefühle ablenken, versuche, dich auf die Stille zwischen den Geräuschen zu konzentrieren. Stelle dir die Stille am Meeresgrund vor. Tauche ein in dieses Gefühl der Weite und der Ruhe. Bleibe in diesem Zustand, solange du willst. Wende deine Aufmerksamkeit dann wieder den Geräuschen in deiner Umgebung zu, und öffne wieder langsam die Augen.*

Wenn dir das Alleinsein sehr schwer fällt, kannst du damit beginnen, zunächst nur eine oder zwei Stunden mit dir zu verbringen. Steigere die Dosis dann nach und nach. Du wirst merken, wie wohltuend es sein kann, dich ganz auf dich zu konzentrieren.

Versuche für dich selbst, diejenigen Tätigkeiten aufzulisten, die du gerne einmal allein tun willst. Nimm dir für das Alleinsein regelmäßig die Zeit und horche in dich hinein, wie du es jedes Mal zu einem Fest mit dir selbst machen kannst.

Sei kreativ!

Nirgendwo sonst sind wir mit unserer eigenen Kreativität stärker und unmittelbarer verbunden als im Neuanfang. Jeder Neuanfang entspring unserer Kreativität, ist zunächst vielleicht eine »verrückte« Idee, eine vorgestellte Wirklichkeit, die in uns emporsteigt, die wir betrachten, prüfen und schließlich Realität werden lassen. Genau in diesem Moment fangen wir neu an. Vielleicht nur mit einer Kleinigkeit, die von nun an unseren Tagesrhythmus ändert, vielleicht mit etwas Großem, das unser ganzes Leben verändert. Unsere Ideen sind der Stoff, aus dem der Neuanfang gemacht wird.

Im Neuanfang werden wir zum Schöpfer unseres Lebensplans. Wir bestimmen, wie unser Leben aussehen soll und erfahren, dass die Verantwortung, unser Leben so zu leben, wie wir es wollen, ganz bei uns liegt. Wir nehmen im Neuanfang unser Leben bewusst in die eigenen Hände und sind davon überzeugt, dass es gelingen wird. Im Neuanfang sind wir verliebt ins Gelingen.

Eigenverantwortung macht Spaß.

So kann jeder große Neuanfang am besten dadurch eingeübt werden, dass wir uns vornehmen, zunächst scheinbar kleine Dinge zu verändern. Wir können uns zum Beispiel vornehmen, jeden Tag eine gewisse Zeit für uns selbst einzuplanen. Wenn wir ein solches kleines Ziel erreichen, erfahren wir ganz konkret, welche Freude es macht, sein eigenes Leben neu zu gestalten. Wir können uns vornehmen, jede Woche zweimal schwimmen zu gehen oder eine für uns schlechte Angewohnheit ab sofort zu unterlassen. So können wir uns kleine Erfolgserlebnisse verschaffen und machen dabei die befreiende Erfahrung, dass ganz allein wir es sind, die für unser Leben Verantwortung tragen und dafür, ob wir uns wohl fühlen oder nicht. Es gibt niemanden, der für unser Leben verantwortlich ist, außer uns selbst. Eigenverantwortung kann so viel Spaß machen.

Das Leben will, dass wir kreativ sind. Jeder Tag will von uns selbst so gestaltet werden, dass wir am Abend sagen können: »Ja, das ist mein Leben.« Täglich sind wir dazu aufgefordert neu anzufangen, Altes abzulegen und Neues zu kreieren. Der Neuanfang hört nie auf. Die Aufforderung, kreativ zu leben, auch nicht.

Dabei ist die Kreativität für viele eine riskante Sache. Ohne sie jedoch verflacht unser Leben, werden wir taub für unsere Intuitionen und Gefühle. Manchmal macht es auch einfach nur Angst, uns mit unseren Ideen und neuen Gedanken zu konfrontieren.

Gestalte dein Leben ideenreich.

Unsere Ideen sind der Stoff, aus dem der Neuanfang gemacht wird. Wir sollten ihnen deshalb aufmerksam, mit großer Ehrfurcht und Dankbarkeit begegnen.

Wie kannst du dich darin üben, kreativ zu sein und Ideen zu haben?

Wie lernst du deine Ideen kennen?

Hier ein paar Tipps, für den pfleglichen Umgang mit deinen Ideen:

- Festhalten!

Ideen kommen selten auf leisen Sohlen. Zumeist tauchen sie ohne jede Vorankündigung und blitzartig wie aus heiterem Himmel auf. Sie kommen plötzlich und unvermittelt bei einem Spaziergang, im Schwimmbad oder während einer sportlichen Betätigung. Ideen halten sich auch nicht an Tageszeiten. Sie kommen morgens, mittags oder auch mitten in der Nacht. Ideen sind von Natur aus sprunghafte, sensible Wesen, die sich ihre Orte und Zeiten selbst aussuchen. Sicher ist es dir auch schon so gegangen: Du hattest eine Idee, aber plötzlich weißt du nicht mehr, welche es war. Denke also immer daran, einen Notizblock bei dir zu haben, der selbst nachts auf deinem Bettkästchen liegt und schreibe dir deine Ideen sofort auf. Halte deine Ideen fest und sorge dafür, dass sie bei dir bleiben.

- Nicht urteilen!

Es gibt keine »gute« oder »schlechte« Idee. Auch wenn dir deine Idee zunächst als zu abgefahren oder zu verrückt erscheint, schaue dir deine Idee erst einmal richtig an. Freue dich darüber, dass du eine hattest. Manche Idee, die einem zunächst unrealistisch erscheint, ist vielleicht am Tag danach gar nicht so dumm. Lasse deine Ideen aufsteigen, egal wie sinnvoll sie dir im Moment erscheinen mögen, ohne sie gleich zu bewerten. Schlafe mindestens eine Nacht darüber.

❂ Abwarten!

Permanente Veränderung ist anstrengend. Wir lieben es, wenn wir unser Leben in den gewohnten Bahnen leben können. Routine beruhigt und entspannt. Ideen, die du für gut befunden hast, können vielleicht nicht sofort umgesetzt werden und auch nicht auf einmal. Lasse deine Ideen deshalb liegen oder überlege dir, welche Teilschritte für die Umsetzung deiner Idee notwendig sind. Beschäftige dich erst langsam damit, vielleicht zunächst nur eine Stunde lang, dann mehrere und zum Schluss, um sie auszureifen, einen ganzen Tag lang.

❂ Der richtige Ort

Um in Ruhe über eine Idee nachzudenken, braucht es einen gemütlichen Platz, an dem du dich wohlfühlst und der für andere möglichst unzugänglich ist. Konzentriere dich ganz auf deine Idee und denke nicht an solche Dinge, die du vielleicht jetzt zur selben Zeit auch tun könntest. Ideen brauchen deine ganze Präsenz und Zuwendung.

❂ Distanz aufbauen

Viele Fehler bei der Umsetzung einer Idee entstehen dadurch, dass die notwendige Distanz verloren geht. Wichtige Entscheidung also auf keinen Fall vorschnell oder sofort treffen. Spontaneität will gut überlegt sein.

❂ Schnelle Lösungen sind meist schlecht

Die schnelle intellektuelle Lösung eines Problems, die all zu unüberlegte Umsetzung einer Idee verhindert oft den wirklichen Neubeginn, die »große« Idee. Wenn dir eine Idee schnell ganz toll erscheint, dann ist das ein sicheres Zeichen dafür, dass sie das noch nicht ist. Richtig gute Ideen liegen nicht einfach so auf der Hand. Sie wollen erarbeitet sein.

- Was ganz anderes tun

Manche Ideen lassen uns kaum mehr los. Wenn wir all zu intensiv über eine Idee nachdenken, beginnen wir uns sehr schnell im Kreis zu drehen. Um dies zu verhindern, solltest du auch lernen, abzuschalten und an etwas anderes zu denken. So machst du dich wieder frei für eine neue Sicht auf die Dinge zu einem späteren Zeitpunkt.

- Mit FreundInnen reden

FreundInnen sind Menschen, denen wir uns und unsere Ideen anvertrauen können, auf deren Meinung wir Wert legen und denen wir gerne zuhören. Besprich deine Ideen unbedingt mit solchen Menschen, die dir wichtig sind.

Der pflegliche Umgang mit der eigenen Kreativität erfordert stets eine gewisse Vorbereitung, das »Schwanger-Gehen« mit einer Idee, die richtige Erleuchtung und das Gespräch mit anderen. Es ist wichtig, Kritik an seinen Ideen möglichst lange zu unterbinden, denn, was heute unrealistisch erscheint ist vielleicht schon morgen Realität.

Jeder Neuanfang entspringt deiner eigenen Kreativität und ist zunächst eine Idee. Ideen holen dich aus dem alten, gewohnten Trott und schaffen eine neue Wirklichkeit.

Behandle deshalb jede Idee, die du hast, so, als könnte Sie dein ganzes Leben verändern. Sie kann es tatsächlich.

Lass dich beschenken!

Wir können im Leben sehr vieles aus eigener Kraft schaffen. Wir können unsere Aufgaben so erledigen, dass wir und andere damit zufrieden sind, wir können meditieren und an unserer eigenen Erleuchtung arbeiten. Wir können uns durch eigene Taten in eine Lage bringen, die uns zufrieden stellt.

Wahres Glück erleben wir aber oft nur dann, wenn zu den eigenen Leistungen noch etwas anderes kommt, mit dem wir nicht rechnen konnten oder durften. Wenn wir durch die Begegnung mit einem bestimmten Menschen oder durch eine Fügung des Schicksals beschenkt werden.

Wir sind nicht allein unseres Glückes Schmied, es gibt noch etwas anderes, außerhalb von uns, das zu unserem Glück gehört. Wir müssen nur alles dafür tun, dass wir uns für das Glück zubereiten. Wenn wir bereit sind, Begegnungen und Zeichen zuzulassen und zu erkennen, werden wir unser neues Leben nicht nur als unsere eigene Leistung erleben, sondern auch als ein Geschenk. In dieser Haltung, in der wir uns als Beschenkte erleben, liegt etwas Wertvolles. In dieser Haltung gereichen wir dem Leben zur Ehre, lernen wir dem Leben mit Ehrfurcht zu begegnen und dankbar zu sein. Unser Glück, unser ganz neues Leben ist nicht nur das Werk unserer eigenen Hände Arbeit, sondern immer auch ein Geschenk, für das wir dankbar sein können.

> ***Du kannst dein Glück nicht selber schmieden.***
> ***Glück ist immer auch ein Geschenk.***

Eine der wichtigsten Freiheiten, die ich durch meine Selbstständigkeit erreicht habe, ist jene, dass ich ab sofort nur noch mit Menschen zusammenarbeiten möchte, die ich wirklich schätze und mag. Wie viel Energie hatten stundenlange Sitzungen und Brainstormings aus mir gezogen, in denen ich mit Kolleginnen und Kollegen konferieren musste, die ich in diesem Leben wahrscheinlich niemals zu meinen Freunden zählen würde? Es hat keinen Zweck und raubt einem wertvolle Kräfte, wenn wir uns zu sehr mit Menschen auseinander setzen, die nicht auf unserer Wellenlänge ticken. Wir müssen akzeptieren, dass es tatsächlich Menschen gibt, mit denen wir einfach nicht können.

Meine Idee ist es, in Zukunft solche Menschen ganz bewusst zu meiden. Dass mir stattdessen genau die richtigen Menschen jetzt in meinem neuen Leben immer häufiger begegnen, ich sie wahrscheinlich auch anziehe, empfinde ich jedes Mal als ein Geschenk.

Dein neues Leben bringt dir auch die richtigen FreundInnen.

Wir sind nicht dazu geboren, uns ganz aus eigener Kraft und allein durchs Leben zu schlagen. FreundInnen und uns nahe stehende Menschen sind ein Geschenk. Deshalb müssen wir unsere Beziehungen zu anderen Menschen pflegen und Zeiten für regelmäßige Begegnungen einplanen. Von jedem Menschen, der uns begegnet, geht etwas Besonderes aus, das uns bereichert und mit dem wir in Beziehung treten können. Jeder Mensch hat eine ganz bestimmte Eigenschaft, die wir bewundern, von der wir lernen können und die eine Chance für unsere eigene Weiterentwicklung in sich birgt. Das Wunderbare, das von anderen Menschen ausgeht, wartet nur darauf, von uns entdeckt zu werden.

Ich ziehe immer wieder eine kleine Beziehungsbilanz:

- Wie viele FreundInnen habe ich wirklich?
- Wem kann ich mich wirklich anvertrauen, wenn es mir schlecht geht?
- Bei wem fühle ich mich nach einer Begegnung besser?
- Bei wem fühle ich mich hinterher schlechter?
- Von welchen FreundInnen kann ich keinen Trost erwarten? Mit welchen FreundInnen kann ich einfach nur ausgehen (auch die sind wichtig)?
- Mit wem könnte ich regelmäßig Sport treiben, Fahrrad fahren, schwimmen, laufen, Tennis, Squash?

Ich möchte mich in Zukunft mehr um solche FreundInnen bemühen, deren Anwesenheit mir wohl tut und bei denen es mir nach einem Gespräch besser geht. Jene, die das Gegenteil in mir bewirken, versuche ich konsequent aus dem Weg zu gehen.

Bei manchen FreundInnen entdecke ich erst jetzt eine Eigenschaft, die mir zuvor an dieser Person gar nicht aufgefallen war und die mir jetzt, da ich versuche meinen eigenen Lebensweg zu gehen, ganz besonders auffällt: Neid. Es brauchte lange, bis ich verstand, dass Menschen, die es für sich nicht schaffen, aus ihren wenig zufrieden stellenden Lebensverhältnissen auszubrechen, auf mich neidisch werden. Und das kann sehr unangenehm werden. Eine gleichberechtigte Beziehung mit solchen FreundInnen ist dann nur sehr schwer möglich.

Am besten sind jene FreundInnen, die ohne Neid und aktiv an meinem Leben teilnehmen. Gut tun solche Menschen, die selbst mit sich im Reinen und mit ihrem Leben zufrieden sind. Sie wähle ich für meine Gespräche aus und von ihnen profitiere ich stets aufs Neue.

Tu, was du willst!

In der ersten Zeit meiner Selbstständigkeit trug ich schwer an meinen geschäftlichen Sorgen und nahm sie auch mit nach Hause. Sie belasteten mich so sehr, dass ich mich nach und nach immer kraftloser und unzufriedener fühlte. Wenn ich am Abend von der Arbeit aufbrach, spürte ich, wie wenig Privatleben ich überhaupt noch hatte. Daran musste ich dringend etwas ändern, damit mich mein neues Leben nicht ganz absorbierte. Ich wollte doch in meinem neuen Leben das tun, was ich wollte und jetzt schien ich auf dem besten Wege dazu zu sein, wieder das zu tun, was andere wollten. Wenn es passieren sollte, dass mich mein neues Leben mehr Kraft kostet als es mir gibt, was hätte ich dann gewonnen?

Ich hatte mir im Laufe der Zeit Gewohnheiten zugelegt, die meinen permanenten Stresszustand begünstigten. Wenn ich am Abend nach Hause kam, hatte ich oft nichts im Kühlschrank, schaute viel zu viel fern, trank zu viel Alkohol oder rauchte zu viele Zigaretten. Ganz allmählich hatten sich zahlreiche schlechte Gewohnheiten angesammelt, die mir in der Summe zu viel von jener Kraft raubten, die ich für einen kreativen Alltag brauchte.

Ersetze schlechte durch gute Gewohnheiten!

»Wer keine üblen Gewohnheiten hat, hat wahrscheinlich keine Persönlichkeit.«
(William Faulkner)

Ich mache mir weniger Sorgen um meine Persönlichkeit als um meine Gewohnheiten und deshalb stelle ich mir eine

Reihe von Aktivitäten und Gewohnheiten zusammen, auf die ich mich in der nächsten Zeit konzentrieren will.

Jede Gewohnheit, die wir bei uns ändern möchten, setzt einen Abschied von unserer Bequemlichkeit voraus. Und der fällt einem nicht in den Schoß. Nur mit der Kraft der konsequenten Tat können wir gegen alte Gewohnheiten angehen. Insofern ist jede neue Gewohnheit, die wir uns abverlangen, ein kleiner Neuanfang.

Viele lieb gewordene Gewohnheiten geben uns keine Kraft, sondern rauben sie uns. Es ist wichtig, sich darüber klar zu werden, welche Gewohnheiten das sind und welche neue Gewohnheiten man dagegen stellen möchte.

Meine neuen Gewohnheiten, die ich *annehmen will*, *sehen* so aus:

✪ Arbeit und Privates konsequent trennen

Ich konnte mir nie vorstellen, bei mir zu Hause zu arbeiten. Die An- und Abfahrt zu bzw. von meiner Arbeit ist für mich notwendig, da ich so beides voneinander trennen kann. In der letzten Zeit hatte ich mir aber immer mal wieder Arbeit mit nach Hause genommen, weil ich meinte, auf diese Weise besser und ungestörter arbeiten zu können. Doch schon bald merkte ich, dass ich mir dadurch wichtige Zeit für die Entspannung nahm. Das musste ich dringend ändern.

Die Zeit zu Hause möchte ich wieder konsequent dazu nutzen, mich zu entspannen und zu regenerieren. Gedanken über die Arbeit gehören nicht ins Privatleben. Ich werde dafür sorgen, dass ich nicht auch noch am Wochenende arbeite.

❂ Abschalten – Keine Macht den Sorgen!

Natürlich nahm ich in der ersten Zeit meiner Selbstständigkeit immer einen zentnerschweren Packen geschäftlicher Sorgen mit nach Hause. So kam es schon mal vor, dass ich mir den Abend mit wirtschaftlichen Kalkulationen und Horrorvisionen über meine Zukunft vergällte. Kein Wunder, dass ich immer schlechter einschlafen konnte. Auf diese Weise habe ich manche schlaflose Nacht verbracht und war am nächsten Tag ohne Energie und Kraft für die anstehenden Aufgaben.

Ich tue jetzt in meiner Freizeit möglichst vieles, was mir Spaß macht und mich beruhigt. Ich lasse es nicht zu, dass mich meine Sorgen daran hindern wollen.

❂ Delegieren und Loslassen

Schnell wurde mir klar, dass ich nicht alle Aufgaben, die ich selber erledigen könnte, auch selber machen muss. Die Vorstellung, dass eine Arbeit nur richtig getan ist, wenn ich sie tue, gehört nicht mehr in mein neues Leben. So habe ich schnell Aufgabenbereiche meiner selbstständigen Tätigkeit definiert und abgegrenzt, die ich einer anderen Person übertragen kann. Immer wieder musste ich lernen, Arbeiten, die andere mindestens genauso gut oder besser können als ich, zu delegieren. Das galt auch für den privaten Bereich. Eine Putzfrau ist ein Segen.

Ich muss lernen, alle anfallenden Tätigkeiten einzuteilen in solche, die nur ich ausführen kann und solche, die andere genauso gut oder besser leisten können. Ich muss begreifen, dass Delegieren eine Form des Loslassens ist und mich frei macht für das Wesentliche.

❂ Ruhe vor dem Schlafengehen

»Eine Stunde Schlaf vor Mitternacht ist besser als zwei danach.« Eine Tatsache, die ich als nachtaktiver Mensch nur schwer akzeptieren kann. Doch darum kümmert sich das Sprichwort nicht. Also muss ich mein Tageswerk vor Mitternacht einstellen und lernen, dass ich vor dem Schlafengehen noch eine kurze Zeit abschalte, mich leer mache von den Gedanken an diesen und von den Sorgen um den nächsten Tag. Die wenigen Minuten, in denen ich die schönen Erlebnisse und Begegnungen des vergangenen Tages an mir vorüberziehen lasse und mich in eine wohltuende und positive Vorstellung hineinversetze, entspannen mich und öffnen das Tor zur Traumwelt, zum Unbewussten.

Ich nehme mir vor, mich jeden Abend unmittelbar vor dem Schlafengehen innerlich von allen Sorgen zu distanzieren und mein Herz mit schönen Gedanken zu erfüllen.

❂ Ruhe vor dem Tag

So wie die Nacht einer Einstimmung bedarf, bedarf auch der Tag eines Eröffnungsrituals. Ein in Ruhe genossenes Frühstück ist für mich der beste Start in den Alltag. Ich habe mir im Lauf der Jahre noch andere wichtige Dinge für den frühen Morgen antrainiert. Ich stimme mich nicht mehr mit den Horrormeldungen irgendeiner Tageszeitung auf den Tag ein, sondern versuche, meine Gedanken positiv auf das auszurichten, was mich an diesem Tag erwartet. Ich freue mich, dass ich wieder einen Tag vor mir habe, an dem ich alles selbst entscheiden kann.

Jeder neue Tag ist eine Chance für den Neuanfang. Dieser Tag gehört mir. Ich freue mich auf die menschlichen Begegnungen, die vor mir liegen und auf die Entscheidungen, die ich treffen kann.

❂ Einen ganzen Tag faul sein

Jeder Wochentag ist randvoll mit Terminen ausgefüllt. Auch in meiner Selbstständigkeit lebe ich nach dem Terminkalender, vielleicht mehr noch als zuvor, und niemand sagt mir, wann ich nach Hause gehen soll. Der Tag könnte spielend 48 Stunden haben. Ich muss mir angewöhnen, meinem Termindruck ein Schnäppchen zu schlagen. Ich muss lernen, dass es einen oder mehrere Tage auch ohne mich gehen kann. Ich habe gelernt fleißig zu sein. Jetzt muss ich auch wieder lernen faul zu sein. Und faul sein heißt, entspannen und Fünfe grade sein lassen.

Ich bin nicht so wichtig für die Arbeit, wie ich meine. Ich nehme mir vor, auch mal einen Tag, einen Nachmittag faul zu sein, nichts zu tun, zu entspannen.

❂ Abends öfter ausgehen

Ganz damit beschäftigt, mein neues berufliches Leben zu bewältigen und zu gestalten, vergaß ich zunächst viele meiner privaten Bedürfnisse. Als es mir zur Gewohnheit zu werden drohte, dass ich abends mein Bier allein zu Hause trank, läuteten meine Alarmglocken. Ab sofort gab es keinen Alkohol mehr in meinem Kühlschrank. Ich musste jedes Mal ausgehen, um ein Bier zu trinken. Auf diese Weise kam ich öfter unter Leute und nach vielen Jahren auch wieder in die Diskothek. Das war anfangs gar nicht so einfach, denn mir fiel natürlich auf, dass die Menschen dort so jung wie früher waren. Nur ich selbst war es nicht mehr.

Es gibt noch andere Welten als meine. Ich möchte sie erleben und genießen. Ich möchte mich jung fühlen.

✪ Kurz mal eine Auszeit nehmen

Auch zum neuen Leben gehört der Alltagstrott. Und auch hier gilt: Er. Nervt. Mich. Manchmal. An. Also gibt es nur eins: Es ist höchste Zeit für eine Auszeit. Wenn die Kraft nachlässt, vielleicht ein bestimmtes Projekt abgeschlossen ist, dann muss ich dringend dafür sorgen, meine Batterien neu aufzuladen.

Ich sorge dafür, dass ich mir zweimal im Jahr für mindestens eine Woche eine Auszeit nehme, ob allein oder zu zweit.

✪ Altes entsorgen

Ich schleppe so vieles durch die Jahre, was nicht mehr zu mir gehört. Gerade das Alte entfaltet aber immer noch eine Kraft, die mir gar nicht mehr gut tut. Egal, was es ist, ob alte Gedanken, alte Kleider, altes Geschirr, alte Möbel oder alte FreundInnen, alles, was ich noch aus meinem alten Leben mit ins neue bringe, muss entsorgt werden. Mein neues Leben braucht auch neue Gedanken, neue Kleider, neues Geschirr, neue Möbel und neue FreundInnen. Mein neues Leben braucht Unterstützung durch neue Gedanken, Menschen und Dinge. Jeden Tag.

Ich durchforste meine Gedanken darauf hin, ob es in ihnen noch alte Bilder von mir gibt und versuche, sie loszulassen. Ich gehe meine Kleider, mein Geschirr meine Möbel durch und entsorge Stück für Stück und nach und nach jene, die aus meinem alten Leben stammen. Ich freue mich daran, mir Neues zu kaufen.

❂ Sich belohnen

Wenn ich darauf warte, dass mich jemand für eine ganz bestimmte Arbeit lobt oder gar belohnt, so kann ich jetzt lange warten. Diesen Dienst muss ich mir schon selbst erweisen. Ich muss von Zeit zu Zeit innehalten und auf das schauen, was ich geleistet habe. Ich muss mir meine Ziele in kleine Etappen einteilen und mich nach einem erreichten Teilziel selbst belohnen. Erst so bekomme ich auch das Gefühl, erfolgreich zu sein.

Ich will mich über Ziele, die ich erreicht habe, freuen und mich dafür belohnen.

❂ Dankbar sein

Täglich stehe ich im Existenzkampf. Vieles von dem, was ich mir vornehme, misslingt oder gelingt nicht ganz so, wie ich mir das vorstelle. Erfolg zeigt sich aber im richtigen Umgang mit Misserfolgen. Und den kann ich nur dann leisten, wenn ich jeden Tag wieder mit Enthusiasmus an meine mir selbst gestellten Aufgaben gehe.

Ich bin dem Leben dankbar dafür, dass ich so leben kann, wie ich es möchte. Das ist nicht selbstverständ-

lich. Meine Dankbarkeit ist größer als mein Verdruss über Misserfolge.

❂ Leichter werden

Das Leben kann so schwer sein, wenn die ganze Richtung nicht stimmt. Der Umkehrschluss gilt aber auch: Wenn die Richtung stimmt, kann das Leben so leicht sein.

Ich nehme mir vor, meine Sorgen nicht so schwer zu nehmen, dass sie mein Leben verdunkeln können.

❂ Geistesgegenwärtig sein

Es gibt so viele Dinge, die getan werden müssen. Am liebsten würde ich oft zwei, drei, vier Dinge auf einmal tun. Ich telefoniere, lese nebenher einen Brief und denke an das, was ich nach diesem Telefonat tun will. Auf diese Weise werde ich immer unkonzentrierter und verwirrter und bin nie ganz bei der Sache. Ich muss mich dazu zwingen, meine ganze Aufmerksamkeit genau auf das zu richten, was ich gerade tue.

Ich möchte mich ganz auf die Tat des Augenblicks konzentrieren und jeden Moment voll geistesgegenwärtig sein.

❂ Etwas Schönes kochen

Als Single lebt man ungesund und kürzer. Das liegt auch daran, dass man sich für ein gutes Essen viel zu wenig Zeit nimmt. Hinzu kommt, dass ich nur über sehr wenig Kochkünste verfüge. Es kommt zu oft vor, dass ich mein Hungergefühl verdränge und dann immer unkonzentrierter und kraftloser werde.

Ich werde einen Kochkurs belegen und darauf schauen, meine Kochkünste zu erweitern. Ich achte darauf, meine Mahlzeiten immer zu den gleichen Zeiten einzunehmen.

- Regelmäßig Sport treiben

Da ich den Tag über sehr viel sitze und mich nur wenig bewege, kann es sein, dass ich auch mit meinem Kreislauf Schwierigkeiten bekomme. Es ist wichtig, dass ich regelmäßig etwas für meine Gesundheit tue.

Ich werde dreimal die Woche schwimmen gehen und fahre täglich mindestens eine Stunde Fahrrad.

- Regelmäßig etwas Schönes erleben

Es gibt nicht nur die Arbeit. Es gibt so viele andere Erfahrungswelten, in die ich öfter eintauchen sollte. Ein Ausflug mit den Kindern, eine Wanderung mit dem Freund, eine Radtour mit der Freundin können mich mit neuer Energie versorgen.

Ich will mich mehr mit anderen Menschen zu gemeinsamen Freizeiterlebnissen zusammentun. Ich will in andere Welten eintauchen und sie genießen.

Mache für dich selbst auch eine solche Aufstellung. Übe neue Gewohnheiten ein. Jeden Tag.

Der Neuanfang ist kein einmaliger Akt. Täglich sind wir gefordert, mit etwas Neuem zu beginnen.

Augenblick für Augenblick ein Neuanfang

Das Leben ist eine Abfolge einzelner Stationen. Eine Station folgt der anderen. Wir werden vom Kind zum Heranwachsenden, vom Heranwachsenden zum Erwachsenen, vom Erwachsenen zum Familienvater und ich wurde vom Familienvater wieder zum Single. Und jede Station entwirft ein ganz bestimmtes Bild von uns. Zusammen ergeben sie unsere Lebensgeschichte.

Es ist für jeden Neuanfang, für jede Bewegung von einer Station unserer Lebensgeschichte zur nächsten, notwendig, dass wir uns von dem Bild, das wir von uns hatten, verabschieden.

Ich war als Kind schüchtern und zurückhaltend. Wenn ich das heute erzähle, so glaubt es mir niemand, weil ich mich im Laufe der Jahre verändert habe.

So bewegen wir uns während unseres Lebens von Station zu Station und verändern uns dabei. Und auf diesem Weg müssen wir all das Gerümpel zur Seite schaffen und uns von allem Gerede befreien, das sich im Laufe der Jahre in uns angesammelt hat und uns die klare Sicht auf die Wirklichkeit versperrt. Bei jedem Neuanfang ist dies unsere zentrale Aufgabe.

Jeder Neuanfang fordert uns dazu auf, ein neues Bild von uns selbst zu entwerfen. Im Neuanfang schauen, hören, riechen, schmecken und fühlen wir die Welt wieder neu und offen, wie als Kind. Wenn der Neuanfang gelingt, erleben wir wieder jeden Augenblick unseres Lebens neu, unschuldig und wie zum ersten Mal.

Im Neuanfang sehnen wir uns nicht mehr nach uns selbst, wir sind ganz bei uns selbst, ein sinnvolles Teil des großen Ganzen und nehmen darin den uns gemäßen Platz ein.

Im Neuanfang hört das Träumen auf und der Traum wird zum Leben. Im Neuanfang wollen wir nicht mehr länger festhalten. Wir wollen loslassen. Wir sehen die Dinge als das, was sie sind und wie sie sind: ihr Kommen und Gehen und wir können es so geschehen lassen.

Augenblick für Augenblick ist Neuanfang.

»Schließlich verschmelzen alle Dinge zu einem, und aus der Mitte entspringt ein Fluss. Der Fluss entstand durch die große Weltenflut, und er fließt über Felsen aus dem Urgrund der Zeit. Auf manchen Felsen sind zeitlose Regentropfen. Unter den Felsen sind die Worte, und manche Worte sind bei den Felsen. Ich werde den Wassern folgen.«
(Norman Maclean, »Aus der Mitte entspringt ein Fluss«)

Die sieben Stufen des Neuanfangs

1. Nimm dir Zeit für den Abschied!

Ein richtiger Neuanfang setzt voraus, dass du dich von deiner Vergangenheit, deinem bisherigen Leben bewusst und konsequent verabschiedest. Und in deinem bisherigen Leben gab es nicht nur Schlechtes, sondern auch sehr viel Schönes. Du hattest dich einst für das Leben, das du jetzt abschließt, in vollem Bewusstsein entschieden. Es war ein Teil von dir und das wird es auch bleiben.

Lass deine eigene Vergangenheit als Film noch einmal vor dir ablaufen; sei es den deiner langjährigen Partnerschaft oder den über dein bisheriges Arbeitsumfeld mit MitarbeiterInnen und KollegInnen, so als ob du in einem Kino sitzt. Genieße diesen, deinen Film. Du warst RegisseurIn der Handlung. Lass dabei alle positiven und negativen Gefühle, die dieser Film in dir auslöst, hochkommen und lebe die schönen wie traurigen Szenen noch einmal von Anfang an durch.

Auf diese Weise söhnst du dich leichter mit deiner Vergangenheit aus und mit der Person, die du einmal warst und von der du jetzt ganz bewusst Abschied nehmen willst. Das gibt dir neue Kraft und Zuversicht und macht dich erst frei für einen Neuanfang.

2. Gib der Trauer eine Chance!

Es ist kein Wunder, wenn du traurig wirst. Ein Abschied aus einem gewohnten Lebens- oder Arbeitsumfeld oder von einer langjährigen Partnerschaft tut immer weh, besonders dann, wenn du ihn vielleicht gar nicht selbst gewollt hast. Aber auch, wenn du ihn unter Berücksichtigung aller Wenns und Aber freiwillig und ganz bewusst herbeigeführt hast, kommen dir Zweifel, ob das, für das du dich jetzt entschieden hast, auch das Richtige ist.

Verdränge auf keinen Fall deine Trauer. Es ist normal, wenn du jetzt öfter traurig wirst, weil ein ganzer Lebensabschnitt für immer zu Ende geht. Alles andere wäre oberflächlich. Wenn du deiner Trauer aber einen bestimmten Platz, eine festgelegte Zeit in deinem Tagesablauf zuweist, z. B. von ... Uhr bis ... Uhr, hältst du sie im Zaum und sie kann keine Macht über deine Person gewinnen.

So beschäftigst du dich nicht ständig mit deiner Trauer und sie kann dir nichts von der Kraft und Konzentration rauben, die du jetzt für den Neuanfang nötig hast.

3. Halte die Einsamkeit aus!

Deine Abkehr von den alten Lebensumständen bringt es mit sich, dass du auch lieb gewordene, persönliche Beziehungen, Bekannte oder KollegInnen verlierst. Du bist jetzt öfter als früher allein. Bleibe gelassen und gerate darüber nicht in Panik. Die Beziehungen, die deinen Neuanfang jetzt nicht begleiten, waren mit Sicherheit auch nicht deine besten.

Es gibt so vieles, für das du jetzt endlich die Zeit findest und was du auch allein tun kannst. Du kannst z. B. ein bestimmtes Musikstück immer wieder hören, schwimmen, joggen oder dir Zeit für ein Tagebuch nehmen, in dem du deine Gefühle, die positiven wie die negativen, festhalten kannst. Verfalle aber nicht in Aktionismus. Sitz auch einfach nur mal mit dir allein und einem Gläschen deines Lieblingsweines auf der Terrasse oder dem Balkon.

Vertraue darauf: Diese Einsamkeit ist kein Defekt in deiner Persönlichkeit, sondern eine Zeit der Besinnung und des Rückzugs auf dich selbst, die auch wieder zu Ende geht. Sie ist aber notwendig, damit du dich ohne Fremdeinflüsse neu orientieren und Kraft für das Neue schöpfen kannst.

4. Lass dich zubereiten für das Neue!

Auf einen Abschied folgt nicht sofort ein Neuanfang. Es gibt eine wichtige Zeit dazwischen. Die neuen Pläne müssen erst wachsen und reifen. Sie sind noch nicht so konkret und durchdacht, dass du gleich mit deren Umsetzung anfangen könntest. Lass dir Zeit und versuche erst einmal Abstand zu gewinnen.

Habe Geduld. Das alte Leben, die alte Geschichte und alles das, was du bis hierhin erlebt hast, klingt noch immer nach und nimmt dich noch so sehr in Anspruch, dass dir die Kraft für das Neue fehlt. Vertraue darauf: Die Kraft und der Mut für das Neue wachsen dir ganz allmählich und zunächst nur langsam zu. Freue dich darüber, dass das Leben sich wandelt, so wie es verschiedene Jahreszeiten tun und dass die Zukunft wie die Vergangenheit reiche Ernte bringen wird.

Stell dir vor, es ist Herbst und du wärst ein gemähtes Getreidefeld. Du liegst jetzt brach und musst erst einmal ausruhen und Kräfte sammeln, bevor du wieder neue Ähren tragen kannst.

Du stehst unmittelbar vor einem neuen Sprung mitten ins Leben. Habe Geduld und entwickle ein Gespür für den richtigen Zeitpunkt. Warte ab, was passiert und lass die Elemente des Lebens an dir arbeiten.

5. Setz dir neue Ziele!

Denke nur noch nach vorn, nicht zurück. Versuche dir über das Leben klar zu werden, das du leben möchtest. Betrachte und genieße deinen Traum vom Leben und entwickle deinen neuen Lebensplan – gehe dabei bis in die Bilder deiner Kindheit zurück – und fasse den Mut für die Schritte zu seiner Umsetzung.

Versuche dir konkret vorzustellen, welches Leben du in fünf Jahren leben möchtest. Male dir dein neues Leben in der Vorstellung aus und halte deine Fantasien stichwortartig fest. Das kann sich sehr klischeehaft anhören, aber stehe einfach dazu. So programmierst du dein Unterbewusstsein auf deine neuen Ziele. Beschreibe deine Ziele möglichst konkret.

Stelle dir alle Vor- und Nachteile, alle Risiken und Unwägbarkeiten zusammen, die dein neues Leben voraussichtlich mit sich bringen wird und sei bereit, diese auch anzunehmen. Glaube daran, dass der Zeitpunkt für eine radikale Veränderung in deinem Leben jetzt gekommen ist und entscheide intuitiv.

6. Suche dir Verbündete für deinen Neuanfang!

Auch wenn du jetzt viel allein bist und dir erst einmal selbst über dein neues Leben Klarheit verschaffen willst, sind FreundInnen, echte Verbündete, unersetzlich. Das können mitunter ganz alte FreundInnen sein, von denen du vielleicht lange nichts mehr gehört hast. Suche aktiv von dir aus mit solchen Menschen tieferen Kontakt. Sie werden dir weiterhelfen.

Horche in dich hinein und frage dich, welcher Person, egal ob Frau oder Mann, du deine Geschichte am liebsten mitteilen möchtest und welcher Person du dich so nahe fühlst, dass du bei ihr frei und ohne Angst über deine Gefühle sprechen kannst. Mache diese Person zu einem Verbündeten für deinen Neuanfang. Denke dabei an solche Menschen, in deren Gegenwart du dich besonders wohl fühlst, die dir gern zuhören, die nicht werten oder urteilen und die dich stets so akzeptiert haben, wie du bist. Das sind jetzt deine wahren Verbündeten.

Erzähle deinen Verbündeten von deinem Lebensplan. Du wirst dabei erfahren, dass es Menschen gibt, die an deiner Weiterentwicklung interessiert sind und an dir Freude haben. Das spornt dich an, gibt dir ein Gefühl der emotionalen Sicherheit.

7. Plane deinen Neuanfang ganz konkret!

Auch ein Weg von tausend Meilen beginnt mit dem ersten Schritt. Plane deine ersten Schritte deshalb jetzt so konkret wie möglich. Was ist dir am wichtigsten? Was ist am schwersten? Was am einfachsten? Womit könntest du beginnen? Welches ist dein erster Schritt?

Plane genau, welche Vorhaben du in welchem Zeitraum umsetzen möchtest. Sollst du zuerst die neue Arbeitsstelle suchen oder die neue Wohnung? Sollst du zuerst deinen Arbeitsplatz aufgeben und dann eine neue Stelle suchen oder umgekehrt? Sollst du zuerst deine Partnerschaft beenden oder dich schon nach einer neuen Wohnung umsehen? Setze dir Prioritäten und verschaffe dir Klarheit über den ersten, den zweiten, den dritten Schritt.

Jeder Neuanfang hat seinen Preis. Verschaffe dir einen Überblick über deine finanziellen Verhältnisse und Möglichkeiten. Welche Kosten verursacht ein Arbeitsplatzwechsel, der Weg in die Selbstständigkeit oder das Ende einer Partnerschaft? Wie lange kannst du eine finanzielle Durststrecke durchstehen? Wäge ab zwischen deinen Zielen und dem, was dir finanziell möglich ist und versuche beides in Einklang zu bringen. Erstelle eine Kosten-Nutzen-Analyse: Was gewinne ich? Was verliere ich?

Eine genaue Planung gibt dir Sicherheit, lässt dich nicht von Luftschlössern träumen, zeigt dir aber auch, welchen Preis dein Neuanfang hat. Sei bereit, ihn zu bezahlen.

Nachwort

> »Alles, was in einer speziellen Situation
> angebracht ist,
> sollte unternommen werden;
> Regeln sollten nicht blind befolgt werden.«
> *(Paul Brunton)*

Es gibt verschiedene Wege für den Neuanfang. Jeder geht seinen ganz eigenen. Es gibt keinen geraden Weg zu irgendeinem Ziel. Der Neuanfang ist ein ständiger Prozess. In diesem Prozess gibt es Fortschritte und Rückschläge. Heute habe ich noch immer Verhaltensmuster in mir, die aus vergangenen Zeiten herrühren und die mich bisweilen in solche Tage zurückfallen lassen, die weit vor meinen Neuanfang liegen. Aber der Weg hat sich gelohnt.

Mein Neuanfang ist nie wirklich abgeschlossen. Er ist eine ständige Herausforderung an meinen Mut, meine Kreativität und Tatkraft. Er fordert mich permanent dazu auf, meine ureigenen Fähigkeiten zu entdecken und sie zu entwickeln.

Dieses Buch ist ein Teil meines Neuanfangs. In ihm habe ich versucht, meinen persönlichen Weg und Aufbruch in ein neues Leben zu beschreiben, in der Annahme, dass sich an meinem ganz eigenen Weg allgemeine Gesetzmäßigkeiten aufzeigen lassen, die einem gelingenden Neuanfang innewohnen.

Eines ist sicher: Ohne die Selbstbesinnung in der Einsamkeit, ohne gelebte Trauer, Wut und Verzweiflung ist es dir nicht möglich, neu zu starten. Du musst den Ballast aus alten Tagen zuerst ganz hinter dir lassen, bevor du dich auf das Neue, wenn es wirklich neu sein soll, ausrichten kannst. Das vergessen die, die es ganz besonders eilig haben mit ihrem Neuanfang und die dabei zwangsläufig ihre unangenehmen Gefühle verdrängen.

Aber gerade sie sind es, denen du dich hingeben und die du in dein neues Leben integrieren musst.

Wenn du bereit bist, durch deine Einsamkeit zu gehen und dich deiner inneren Leere stellst, wenn du deine Trauer und deine Wut als einen Teil von dir akzeptierst, kannst du frei werden von allem, was in dich hineinprojiziert wurde. Erst wenn du ganz bei dir selbst angelangt bist, hat der Neuanfang eine Substanz und eine realistische Chance, Gestalt anzunehmen.

Ich wünsche dir, dass du den Mut findest, täglich neu zur Schöpferin und zum Schöpfer deines eigenen Lebensplans zu werden.

Wenn dir meine Geschichte dabei hilft und dir vielleicht den ein oder anderen Anstoß dazu liefert, so hat dieses Buch seine Aufgabe erfüllt.

Danksagung

Für meinen Neuanfang danke ich allen Menschen, die sich mit mir an meiner Entwicklung freuen, die mir zur Seite standen, mich unterstützten und meinen neuen Lebensweg mit ihren guten Gedanken begleiteten und noch immer begleiten.

Ich danke meiner ersten Frau Gabi, mit der ich wundervolle Tage verbringen durfte, die mir fantastische Kinder geschenkt hat und mir meinen Neuanfang überhaupt erst ermöglicht hat.

Ich danke meinen Töchtern Judith, Anna und Lena, die ich unendlich liebe und trotzdem viel zu oft allein gelassen habe. Ich danke ihnen dafür, dass sie immer zu mir gehalten haben.

Ich danke Gerlinde, die bei mir war, als es mir schlecht ging. Ich danke Therese für ihre Liebe und Geduld. Ich danke Heidi für ihr stets offenes Ohr und ihren Rat. Ich danke Timur für seine brüderliche Freundschaft, sein Vertrauen und seine kompromisslose Unterstützung. Ich danke Nora dafür, dass sie immer an mich geglaubt hat. Ich danke Norbert, der mich nie im Stich ließ. Ich danke Hugo für seine Treue. Ich danke Herbert für seine offenen Worte, Geschichten und Fragen. Ich danke Friedrich Kirner für seine Erfahrung, seine Gelassenheit und seine Ratschläge. Ich danke meinen Eltern, die mir gezeigt haben, wie man mit Ausdauer, Mut und Kraft durchs Leben geht.

Ich danke allen, die für mich da waren, auch in solchen Stunden, in denen ich für mich selbst nicht mehr da war. Ich freue mich, dass es solche Menschen für mich gibt.

Anhang

Stefanie Dracker

Alles auf Anfang! – Drei Geschichten vom Neustart ins Glück

»Wer die augenblicklichen Verhältnisse auf ewig beibehalten möchte, ist immer geneigt, über die wunderschöne Vergangenheit und darüber, dass sie zu schwinden droht, zu weinen. Dieser Mensch hat nicht einmal ein Lächeln für die Zukunft übrig.«
Simone de Beauvoir

Der Aussteiger

Gernot B., 44 Jahre, lebt in der Nähe von Salzburg, bezeichnet seinen Familienstand als »offiziell nicht kategorisiert« und hat einen 8-jährigen Sohn. Er ist Kommunikationswissenschaftler und arbeitet als selbstständiger Texter, Textcoach und Ghostwriter.

Es gab äußere Anlässe, die sich in seinem Leben immer mehr zuspitzten: Stress im Job, Unverständnis bei einem wichtigen Kunden für die eigene Lebenssituation, Unzufriedenheit mit dem eigenen Gestaltungsspielraum. Gernot B. teilt sich die Erziehung des gemeinsamen Sohnes fifty-fifty mit seiner Freundin, mit der er nicht zusammenwohnt. Aber das Leitmotiv für den Kurswechsel beschreibt Gernot so: »Ich schreibe es meinem Wunsch zu, gut leben zu wollen. Meinem Wunsch, Qualität erhalten zu wollen. Meine Frage an mich war immer wieder dieselbe: Wenn ich heute sterbe, bin ich dann mit diesem Heute wahrscheinlich zufrieden?« Wohin er führen sollte, war klar formuliert: Mehr bewusste Entscheidungsgewalt über die eigene Zeit. Mehr Konzentration auf den Augenblick, wieder mehr Wahlmöglichkeiten und neue berufliche Perspektiven. In freie Zeit zu investieren, bedeutete für ihn finanzielle Einschränkung, ein Leben von der Substanz. Trotz laufender Verpflichtungen war Gernot B. bereit, das Risiko einzugehen. Er war sich sicher, dass der Verzicht sich lohnen würde.

Diesen Zustand zu erreichen bedeutete für ihn, Veränderung zuzulassen. Immer wieder. Und immer wieder mit Fragezeichen und Furcht vor dem Unbekannten und doch auch Lust. Er sagt: »Nur so bleibe ich mir treu – und meinen Freunden: in der Bewegung. Beziehungen sterben, wenn sie erstarren. Menschen auch. Ich verändere mich nicht als Programm. Mehr als Reaktion. Natürlich wäre es mir am liebsten, alles, was gut und geliebt und geschätzt ist, könnte gleich bleiben. Wenn es doch so schön ist, warum dann ändern? Damit es schön bleibt!«

Vor ein paar Jahren traf er eine folgenreiche Entscheidung. Ein Ausstieg auf Zeit wurde vorbereitet: raus aus dem gewachsenen Job, einfach ein halbes Jahr frei nehmen – und dann neu starten.

»Es hat lange gedauert, bis ich so weit war. Schon in der zweiten Hälfte der 1990er Jahre suchte ich nach einem Weg aus dem Zustand«, skizziert Gernot B. den Prozess. Der Zustand war: »fester freier« Texter für eine Werbeagentur. Das hieß, von beiden Seiten – fest angestellt und frei – die Nachteile und ein paar kleine Vorteile. Und in seinem Fall hieß es vor allem Streit. Als er sich für sein Kind entschied, entschied er sich auch, dafür auf Karriere zu verzichten. Und er hat diese Entscheidung nie bereut.

Die Zeit des Sabbaticals beschreibt er so: »Ich hatte mir freigegeben. Zeit zum Reisen, zu Ausstellungsbesuchen, um flexibler mit der Kinderbetreuung umzugehen, einen Tag einfach zu vertrödeln. Freihaben hieß aber nicht, keine Struktur haben. Gut, erst warf ich die vorhandenen Zäune und Korsette über Bord – und war überrascht, dass es fünf ganze Wochen dauerte, bis ich mich ganz im Hier und Jetzt fühlte.«

Er fand neue Rituale und Rhythmen, Zeit für Tai Chi und für all die Bücher, die er in den Jahren davor nicht gelesen hatte. Er erlebte, dass Zeit und Wichtigkeit Dinge sind, die er selbst definiert und dass sein Erziehungsstil sich änderte: Auch gegenüber seinem Sohn kamen neue Qualitäten in den alltäglichen Umgang.

Zum Ende des Sabbaticals war die Lust am Schreiben zurückgekehrt, sein neues berufliches Betätigungsfeld hatte Konturen angenommen, die er mit neu erwachter Leidenschaft weiterentwickelte. Sein neues Projekt Textcoaching lief gut an, der Schwerpunkt liegt mittlerweile auf Ghostwriting.

Gernot B. hat sein Fazit in Sätzen formuliert, die wie eine Anleitung klingen und Lust auf das Abenteuer Neuanfang machen: »Ich muss nicht immer alles geklärt haben, wenn ich mich entscheide. Ungewissheit ist kein Grund, auf Gutes zu verzichten. Meine Hoffnung auf Sicherheit kann ich mir nie erfüllen. Neuanfang ändert mehr als vorhersehbar ist. Ohne gute und wohl wollende Freunde würde ich es nicht riskieren. Mit wem sollte ich sonst die schönen Momente teilen, und wer würde mir in den schwarzen Löchern Rückhalt geben? Was ich auch bedenke, irgendetwas vergesse ich immer – und das macht nichts.«

Der Rundum-Erneuerer

Luis R., 34 Jahre, Diplom-Betriebwirt, hat seinen Wohnort gerade nach Augsburg verlegt, seine Festanstellung als Produktmanager einer Internetfirma gekündigt und eine knapp 10-jährige Beziehung nach mehreren Trennungsversuchen endgültig beendet. Er befindet sich in der Übergangsphase zur Selbstständigkeit in allen Bereichen.

Luis R. ist ehrgeizig und erfolgreich. Er war es eine Zeit lang sogar im Ausharren, im Auf-der-Stelle-treten: im Job, in der Beziehung, als Person. Beinahe zwei Jahre lebte er in Strukturen, die er bravourös ausfüllte, die ihn aber immer kraftloser machten. Er investierte sein Wissen und seine Energie immer wieder aufs Neue in berufliche Projekte, die folgenlos verpufften oder wegrationalisiert wurden. Er griff eine an sich beendete Beziehung auch nach der Trennung immer wieder auf, wenn die Sehnsucht nach Vertrautem übermächtig wurde, nur, um doch immer wieder festzustellen, dass die alten Konflikte aufbrachen und man als Paar keine gemeinsame Vision mehr hatte. Interessen wie Musik und Sport lagen brach. Die Wende kam durch ein Coaching, das ihm die Firma angeboten hatte und dessen Inhalte rein firmenorientiert waren.

Luis R. hatte das Glück, auf eine Fachfrau zu treffen, die erkannte, dass es in diesem Falle nicht um die Weiterentwicklung von Führungsqualitäten oder das Einschwören eines Leistungsträgers auf künftige Unternehmensziele ging. Sondern um den Menschen Luis R. Sie stellte Fragen, auf die er keine gewohnt professionellen Antworten parat hatte und die ihm schlagartig klar machten: Das waren genau die Fragen, vor denen er davongelaufen war. Und jetzt war die Zeit, Antworten zu finden. Seine eigenen. Er beschreibt den Schock des Erwachens: »Mein mühsam aufrechterhaltener Rahmen brach einfach zusammen. Bis zu diesem Zeitpunkt hatte ich mich beruflich und privat in einem gedanklich abgeschalteten Zustand befunden. Autopilot.« Noch während des Coachings entschloss er sich, Nägel mit Köpfen zu machen. Das hieß: den Job kündigen, der keine Perspektiven mehr bot. Die Beziehung wirklich zu beenden, um nach erfolgreichem Trennungsprozess wirklich frei für eine neue Partnerschaft zu sein. Und das gewohnte Lebensumfeld – Wohnort und Wohnung – ebenfalls zu wechseln.

Luis R. war von der Reaktion seines Umfelds genauso überrascht wie von der eigenen Energie: »Seit ich Entscheidungen treffe, habe ich so viele neue Leute kennen gelernt wie nie zuvor. Der Knoten ist geplatzt. Viele Freundschaften haben dadurch praktisch eine neue, höhere Ebene erreicht. Sehr offen, sehr frei, sehr emotional. Selbst von meinem Chef habe ich unerwartet Rückenstärkung erhalten. Privat wie beruflich habe ich keine grundlegend »neuen« Werte und Ziele definiert, sondern die wichtigen, die ich unterdrückt und verdrängt habe, in den Vordergrund gerückt«.

Das Fazit nach der zweiten Coachingrunde, in der Handlungsmuster analysiert und neue Denkansätze und Spielräume entwickelt wurden, offenbart, wie gut sich Luis R. mit der Entscheidung für den Neustart fühlt: »Ich spüre das Leben langsam wieder in mir. Selbst- und Eigenverantwortung. Keine Fremdbestimmung mehr, ich nehme die Dinge selbst in die Hand. Positive Veränderung, die weitere Veränderung automatisch nach sich zieht. Schwere Entscheidungen treffen, die sich hinterher sehr gut anfühlen. Vergangenes auch mal positiv irgendwo hinstellen und stehen lassen können. Darüber auch traurig sein können. Sehr positives Feedback von außen bekommen, plötzlich positiver auf andere wirken. Gestärktes Selbstvertrauen. Von etwas überzeugt sein und dies auch vermitteln können. Viel an sich arbeiten. Raus aus dem Trott. Dinge abschließen können! Ich habe jetzt klare Vorstellungen, wie ich leben, lieben und arbeiten möchte und befinde mich auf meinem Weg.«

Die Farbenfrohe

Rainhild A., 36 Jahre, zog von Köln nach Frankfurt, hat nach einer Ausbildung zur Hotelkauffrau eine Friseur-Lehre begonnen und zehn Jahre als Sekretärin gearbeitet, bis sie sich 1999 zur Ganzheitlichen Farbberaterin ausbilden ließ und ihre kreativen und spirituellen Neigungen weiterentwickelte.

Es ist bereits eine Aufgabe, seine persönliche Vision von einem erfüllten Leben aus der schier unerschöpflichen Vielfalt an Möglichkeiten zusammenzubasteln. Als sei das Leben ein Baukasten. Eine noch viel größere Aufgabe ist es aber, seine hohen Ziele den Gegebenheiten anpassen zu müssen, in einer Zeit, in der die wirtschaftliche Talfahrt eine ganze Generation ins Schleudern kommen lässt. Eben noch die Selbstverwirklichung im Job, Ruhm und sicheres Einkommen im Fokus, findet man sich unversehens vor dem Nummernautomaten des Arbeitsamtes wieder und trifft dort dieselben Kollegen wie einst beim Meeting.

Die Generation der Dreißiger stand beim Boom Ende der 1990er Jahre in vorderster Front und war daher die erste, die unsanft abstürzte, als es rasant bergab ging. Nach zehn Jahren Sekretariatstätigkeiten in Unternehmensberatungen und Zeitarbeitsfirmen lautete Rainhild A.s »Stellenbeschreibung« wie folgt: »Beginnende körperliche Symptome, massive innere Unzufriedenheit, Mobbing durch Chef und Kollegen. Als zum großen Finale die Kündigung und eine sofortige Freistellung kamen, war klar: Jetzt war die Zeit, die eigenen Interessen zum Lebensinhalt und -unterhalt Wirklichkeit werden zu lassen und den Sprung in die Selbstständigkeit zu wagen.« Sie absolvierte eine Ausbildung zur Ganzheitlichen Farbberaterin und belegte Fachseminare bei den Frauenbetrieben, einem Verein, der frauenspezifische Existenzgründungsbegleitung anbietet. Im Laufe des Voranschreitens auf dem eigenen Weg veränderte sich auch Rainhild A.s persönliches Umfeld, das wesentliche Bedeutung gerade in solchen Phasen hat: »Es haben sich einige Freunde von mir getrennt, die nicht verstehen konnten oder wollten, wie man einen »sicheren Job« so kampflos aufgeben konnte und sich nicht mehr um ein ähnliches Arbeitsverhältnis bemüht. Von vielen habe ich mich getrennt, weil ich spürte, dass Angestellte nicht nachvollziehen können, was es bedeutet, plötzlich selbst für das monatliche Gehalt aufkommen zu müssen, und dass dies Angst erzeugt. Außerdem nervte viele meine Beschäftigung mit Farben – es kam plötzlich Begeisterung in mein Leben, und ich konnte mit meinen angestellten Freunden nicht mehr »mitjammern« über Chefs und Kollegen.« Rainhild A. spricht von einem berauschenden Gefühl, das sich auf ihrem neuen Weg einstellte. »Durch die Beschäftigung mit Farben und Themen wie Astrologie, Psychologie und Spiritualität, die mich schon seit meiner Jugend interessiert haben, zog ich plötzlich Menschen an, deren Interessen ähnlich gelagert waren. Zu meinen wichtigsten Werten gehören jetzt Selbstbewusstsein, Selbstvertrauen und Selbstliebe. Außerdem erfüllt es mich mit Freude, wenn andere Menschen durch meine Beratung ein Stück weit zu sich selber finden und ihren Weg gehen lernen. Früher hatte ich keine Ziele und sagte mir immer: Es geht ja doch nicht! Jetzt merke ich plötzlich, was alles in mir steckt, und weiß, dass ich auch meine weiteren Ziele erreichen werde.«

Bertolt Brecht hat im »Lied vom Fluss der Dinge« ein schönes Bild gezeichnet, das ich Ihnen mit auf Ihren Weg geben möchte: »Beharre nicht auf der Welle, die sich an deinem Fuße bricht, solange er im Wasser steht, werden sich neue Wellen an ihm brechen!« Ich wünsche Ihnen, dass Sie Ihre Pläne, Ziele und die großen Gefühle, die uns antreiben, im Fluss halten und sich seinem Lauf vertrauensvoll hingeben können.

Bücher für den Neuanfang

Arnim von, Elizabeth, *Mein Chalet in den Bergen,* Insel, Frankfurt/Leipzig

Auster, Paul, *Die Erfindung der Einsamkeit,* Rowohlt, Reinbek

Baricco, Alessandro, *Seide,* Piper, München

Beck, Charlotte Joko, *Zen im Alltag,* Droemer, München

Berry, Carmen Renee, *Das tut mir gut,* Herder, Freiburg

Bly, Robert, *Eisenhans,* Kindler, München

Brunton, Paul, *Entscheiden aus der Stille,* Bauer, Freiburg

Cameron, Julia, *Der Weg des Künstlers,* Droemer, München

Dies., *Der Weg zum kreativen Selbst,* Droemer, München

Coelho, Paulo, *Der Alchimist,* Diogenes, Zürich

Dreher, Diane, *Das Tao der Weiblichkeit,* DTV, München

Einstein, Patricia, *Intuition,* Hille-Buch, Freiburg

Handke, Peter, *Das Gewicht der Welt,* Residenz, Salzburg

Ders., *Die Geschichte des Bleistifts,* Residenz, Salzburg

Hesse, Hermann, *Gedichte,* Suhrkamp, Frankfurt/Main

Jeanmaire, Tushita M., *Meditation,* Hugendubel, München

Keen, Sam, *Das Chaos der Liebe,* Kabel, Hamburg

Khema, Ayya, *Meditation ohne Geheimnis,* München

Ders., *Feuer im Bauch,* Kabel, Hamburg

Kruppa, Hans, *Zaubersprüche,* Hugendubel, München

Kundera, Milan, D*ie unerträgliche Leichtigkeit des Seins,* Fischer, Frankfurt/Main.

Louden, Jennifer, *Tu dir gut,* Bauer, Freiburg

Dies., *Zeit für dich,* Bauer, Freiburg

Maclean, Norman, *Aus der Mitte entspringt ein Fluss,* Fischer, Frankfurt/Main

Marquez, Gabriel Garcia, *Hundert Jahre Einsamkeit,* DTV, München

Morsbach, Petra, *Plötzlich ist es Abend,* btb, München

Mitscherlich, Alexander und Margarete, *Die Unfähigkeit zu trauern,* Piper, München

Nadolny, Stan, *Die Entdeckung der Langsamkeit,* Piper, München

Radcliff, Benjamin und Amy, *Zen denken,* Herder, Freiburg

Schellenbaum, Peter, *Das Nein in der Liebe,* Kreuz, Stuttgart

Sharma, Arvind, *Innenansichten der großen Religionen,* Fischer-Spirit, Frankfurt/Main

Ders., *Die Wunde der Ungeliebten,* DTV, München

Tamaro, Susanna, *Geh wohin dein Herz dich trägt,* Diogenes, Zürich

Walsch, Neale Donald, *Gespräche mit Gott,* Goldmann, München

Wetering, Jan Willem, *Der leere Spiegel,* Rowohlt, Reinbek

Musik für den Neuanfang

Dylan, Bob, *Bob Dylans Greatest Hits,* Columbia
Ders., *Time Out Of Mind,* Columbia
Fleetwood Mac, *Behind The Mask,* Warner Music.
Hoffmann, Klaus, *Zeit zu leben,* Virgin Schallplatten
Ders., *Es muss aus Liebe sein,* Virgin Schallplatten
Ders., *Sänger,* Virgin Schallplatten
Jule Neigel Band, *Nur nach vorn,* Intercord
Madredeus, *Ainda,* EMI
O'Connor, Sinead, *Faith and Courage,* Atlantic-Records
Rosenstolz, *Alles Gute,* Polydor
Dies., *Zucker,* Polydor
Springsteen, Bruce, *The Ghost Of Tom Joad,* Columbia
Young, Neil, *Old Ways,* MCA

bewusster leben
bewusster leben
Neu denken und handeln
SO WERDEN WÜNSCHE WAHR
LECKER & LEICHT
3 einfache Rezepte
ZÄHNE GUT ALLES GUT
Gesund dank ganzheitlicher Heilkunde
GEDÄCHTNIS-FORSCHUNG
Warum das Leben schneller vergeht, wenn man älter wird
30 SEITEN FENG SHUI SPECIAL
WOHNE WIE DU BIST
16 Seiten Sommer-lektüre